알고쏙쏙
화장의 역사가 궁금해!

별난 세상 별별 역사 ⑫
연지곤지 화장의 역사가 궁금해!
ⓒ 글터 반딧불, 조경봉 2022

처음 찍은 날 2022년 10월 06일
처음 펴낸 날 2022년 10월 24일

지은이	글터 반딧불
그린이	조경봉
펴낸이	최금옥
기획	글터 반딧불
편집	고양이
디자인	책읽는소리
펴낸곳	이론과실천

등록 제10-1291호
(07207) 서울시 영등포구 양평로 21가길 19 우림라이온스밸리 B동 512호
전화 02-714-9800 | 팩스 02-702-6655

ISBN 978-89-313-8132-0 73900

* 이 책의 일부 또는 전부를 사용하려면 반드시 저작권자와 이론과실천 양측의 동의를 모두 얻어야 합니다.
* 값 12,000원
* 잘못된 책은 바꾸어 드립니다.

고아이실은 이론과실천 의 어린이책 브랜드입니다.

난 세상 별별 역사
12

화장의 역사가 궁금해!

글터 반딧불 지음 | 조경봉 그림

★ 별난 세상 별별 역사 시리즈를 발간하며 ★

인류의 역사 시대는 짧게는 2~3천 년, 길게 잡아도 5천 년쯤이다. 이 시간 동안 인류가 이룬 문명은 상상을 초월할 만큼 엄청나다. 선사 시대 원시인들이 올려다보던 달과 별에 지금은 우주선을 쏘아 올리는 시대가 되었으니 말이다. 그런데 놀라운 것은 이런 눈부신 문명의 발전에는 극히 사소한 것들의 역사가 자리 잡고 있다는 사실이다.

사람들은 대개 역사라고 하면 중대한 사건이나 영웅적 인물을 먼저 떠올리기 쉽다. 그러나 그것만이 역사의 전부는 아니다. 알고 보면 역사는 그리 멀리 있지 않다. 예컨대 우리가 일상생활에서 쉽게 접하는 불, 돈, 바퀴는 인류의 3대 발명품으로 꼽힌다. 그만큼 문명의 발전에 크게 이바지했기 때문이다.

원시인이 동굴에서 피우는 불은 그저 모닥불에 지나지 않는다. 하지만 그 열을 이용해 철을 뽑아냄으로써 오늘날과 같은 철기 문명을 일구어 냈다.

바퀴도 다르지 않다. 바퀴라고 하면 대부분 수레나 자동차의 바퀴 따위를 떠올릴 테지만 그뿐만이 아니다. 곡식을 찧는 물레방아도, 바람의 힘을 모으는 풍차도 바퀴의 원리를 이용한 것이다. 창틀 아래에도, 의자 밑에도, 시계 속에도 바퀴가 있다. 지금처럼 교통과 산업이 발전한 까닭도 각종 기계 속에 들어 있는 톱니바퀴의 움직임 덕분이다.

돈 역시 처음에는 거래의 편리함을 위해 만든 것이다. 물물 교환 시대를 떠올려 보자. 소금 한 자루나 쌀 한 자루를 낑낑대며 짊어지고 가서 바꾸려면 얼마나 힘이 들겠는가? 이런 불편함을 덜기 위해 돈이 탄생했지만 진화를 거듭하면서 오늘날 자본주의라는 복잡하고 거대한 경제 구조를 만들어 냈다.

이처럼 우리 생활 속 아주 가까이에는 인류의 역사에 중요한 획을 그은 것이 수도 없이 널려 있다. 눈을 크게 뜨고 보면 역사는 우리가 먹는 밥에도 있고, 늘 입고 다니는 옷에도 있고, 심심할 때 가지고 노는 장난감에도 있다. 신발 밑에도 있고, 시계 속에도 있고, 성냥갑에도 있고, 주머니 속의 동전에도 있다.

〈별난 세상 별별 역사〉 시리즈를 만든 것은 그런 이유다. 우리 주위에서 쉽게 마주치는 물건들의 눈을 통해 인류의 역사와 문명을 한번 꿰뚫어 보자는 것이다. 똑같은 역사라도 산업의 관점에서 보는 것과 돈의 관점에서 보는 것, 바퀴의 관점에서 보는 것은 다르다. 이 시리즈에서 주제어가 된 다양한 사물은 인류의 역사적 흐름을 읽어 내는 열쇠 구실을 한다. 그 열쇠로 역사의 문을 열어젖히면 놀라운 일이 벌어질 것이다. 그동안 무심코 지나쳤던 사물 속에서 우리가 미처 알지 못한 재미난 이야기가 수두룩하게 쏟아져 나올 테니까 말이다.

역사를 흔히 큰 강에 비유한다. 하지만 작은 물줄기가 모여야 큰 강이 이루어진다. 인류의 역사도 마찬가지다. 다양한 분야의 역사가 모여 큰 역사가 만들어진다.

세상 사람들은 각각의 생김새만큼이나 서로 다른 관심거리와 취향을 가지고 있다. 정치나 경제, 사회, 예술 같은 무거운 주제에 관심을 가진 이도 있지만 패션, 요리, 장신구 같은 생활 문화나 로봇, 자동차, 컴퓨터 같은 과학 기술, 혹은 우주, 공룡, UFO 같은 신비한 세계에 관심을 가진 이도 있다. 여러분이 어떤 사물에 지대한 관심과 애착을 가진 마니아라면 이 시리즈를 통해 그에 대한 호기심과 갈증을 채울 테고, 그렇지 않더라도 폭넓은 지식과 교양을 쌓을 수 있다. 모쪼록 이 시리즈 하나하나가 여러분이 세상 보는 눈을 키우는 데 보탬이 되고, 다양한 역사 상식을 얻을 수 있는 보물 창고가 되길 바란다.

― 글터 반딧불

차례

프롤로그 - 화장의 역사를 따라서 … 8

제1장 사람들은 왜 꾸미기 시작했을까?

짐승의 피로 화장을 한다? … 12
몸을 보호하기 위한 화장술 … 16
화장술로 신분과 종족을 드러내다 … 19
악령으로부터 나를 지킨다! … 22

제2장 화장은 신의 뜻이자 부의 상징

이집트 여왕 눈 화장의 비밀 … 26
예뻐질 수 있다면 위험해도 괜찮아! … 31
몸단장을 돕는 시녀만 100명? … 34
화장은 죄를 짓는 일 … 39
십자군 전쟁이 몰고 온 새바람 … 42

제3장 화장의 여왕들

패셔니스타, 엘리자베스 1세 … 48
머리에 밀가루를 뿌렸던 왕비 앙투아네트 … 52
환자처럼 창백한 얼굴이 미인! … 57
검은 옷 패션과 수수한 화장을 한 빅토리아 여왕 … 61

제4장 화장으로 세상을 칠하다

화장품의 꽃, 립스틱의 탄생 … 68
공주보다 발레리나 … 72
전쟁이 불러온 옅은 화장과 단발머리 … 76
화장품의 변신은 무죄 … 79
할리우드 영화 속 주인공처럼 … 83
얼굴 화장만큼 다리 화장도 중요해! … 86
유행을 이끈 인기 스타들의 대결 … 89

제5장 이 세상 주인공은 나

소녀처럼 맑고 투명한 피부를 원해! … 94
화장을 넘어선 예술, 히피 페인팅 … 97
극과 극, 자연주의와 펑크 … 100
멋지게, 당당하게, 대담하게! … 104
똑같은 모습은 이제 그만! … 107

에필로그-나만의 화장을 위하여 … 109

프롤로그

화장의 역사를 따라서

백설 공주 이야기는 어릴 적 누구나 한번쯤 들어 보았을 거야. 마녀가 백설 공주를 시기하고 질투했던 이유는 뭘까? 자기가 세상에서 가장 예쁘고 싶다는 간절한 욕망 때문이었지.

인간의 마음속에는 이처럼 아름답고자 하는 본능이 자리 잡고 있어. 그래서 사람들은 아름다워지고 싶은 본능을 표현하기 위해 화장을 하기도 해.

물론 화장은 단지 외모를 꾸미는 데 그치지 않아. 요즘은 자기 몸을 아름답고 예쁘게 가꾸는 걸 화장이라 여기지만 예전에는 달랐어. 화장이 생존의 방편이 되기도 했고, 자신의 신분이나 권위를 상징하는 수단이 되기도 했지.

그럼 지금부터 화장이 언제 어떻게 시작되었으며 어떻게 발전해 왔는지 시간 여행을 떠나 볼까?

화장의 역사는 인류의 역사와 함께 시작했다고 볼 수 있어.
문명을 이루기 전인 원시 시대에도 화장을 했다는 걸 알고 있니?
오늘날처럼 자신을 돋보이게 하고
조금 더 아름다워 보이게 하려고 화장을 했을까?
아니면 적에게 무서워 보이게 하려고 화장을 했을까?
오늘날까지 남아 있는 옛사람들의 흔적을 통해서
인류가 화장을 하기 시작한 그때를 알아보자.

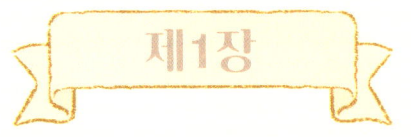

사람들은 왜 꾸미기 시작했을까?

짐승의 피로 화장을 한다?

'얼굴에 뭐 안 묻었나?'

아침마다 엄마도 아빠도 우리도 나가기 전에 거울을 살펴. 얼굴과 옷차림을 확인하는 거지. 우리는 왜 겉모습을 살피고 나갈까? 아마도 멋져 보이고 예뻐 보이고 싶은 마음이 있어서겠지.

아주 까마득한 옛날, 원시 시대부터 사람들은 돋보이고 싶어서 화장을 했어. 그들은 신체의 멋진 부분은 강조하고 마음에 안 드는 부분은 감추기 위해서 몸을 꾸몄어. 무엇보다 이성한테 잘 보이고 자신감을 얻으려고 정성 들여 꾸몄지.

'내 다리는 아주 튼튼해. 어떻게 꾸미면 더 강해 보일까?'

때로는 적의 기세를 꺾으려고 무섭게 치장하고 다니기도 했어.

'늑대 뼈다귀를 장식으로 달고 나가면 다들 겁낼 거야. 짐승의 피도 몸에 바르고 나가 볼까? 덜덜 떨겠지?'

원시 시대 사람들은 아주 다양한 모습으로 몸과 얼굴을 꾸몄어. 우선 얼굴과 온몸에 알록달록 색칠을 하고 무늬도 그렸어. 그뿐만이 아니었어. 일부러 상처를 내서 흉터로 문양을 만들고 피부 조직에 염료를 넣어 문신도 했어. 심지어 입술이나 귓불 등 몸 일부분을 변형시키기까지 했단다.

이런 독특한 원시 시대의 흔적이 오늘날까지 남아 있는 곳도 있어. 오스트레일리아 북동쪽에 자리한 파푸아 뉴기니에 가면 아직도 원시 시대 풍습을 볼 수 있어. 그 섬에 사는 훌리족 청년들은 용맹하다는 걸 강조하고 싶어서 화장을 한대. 청년들이 씩씩한 자기 모습을 자랑하고 싶을 때는 언제냐고? 바로 사냥할 때와 결혼할 때란다.

'이번 사냥에서는 반드시 성공하고 말 테다!'

훌리족 청년은 화장하면서 마음을 다지고 용기를 얻지. 결혼할 때도 마찬가지야. 신부 마음을 사로잡아 멋지게 보이려고 열심히 화장하고 장식을 해.

훌리족은 화장할 때 구운 진흙으로 직접 화장품을 만들어 몸에 발라. 어른이 되었다는 의식을 치를 때에는 얼굴에 노란색과 빨간색 등 물감을 이용해서 정말 화려하게 장식하지.

이처럼 원시 시대에 인류는 얼굴과 몸 전체에 화장을 했어. 이런 풍습은 옷을 입으면서 바뀌기 시작했단다. 몸은 옷으로 가리고 밖으로 보이는 얼굴에 집중하게 된 거지.

세상에서 가장 오래된 화장품

2010년 스페인에서 발굴한 조개껍데기

2010년 스페인 남부 지방에서 아주 신기한 조개껍데기가 발견됐어. 조개껍데기에는 화장품으로 짐작되는 물질이 묻어 있었어.

연구자들은 조개껍데기 안에 노란색과 검은색 광물이 섞인 붉은색 파우더가 들어 있다고 밝혔어. 이 파우더가 화장품이라면 조개껍데기는 화장품 담는 팔레트 역할을 했다는 뜻이야.

그런데 이 조개껍데기는 놀랍게도 무려 5만 년 전, 네안데르탈인이 사용하던 것이었단다.

"네안데르탈인이 화장품을 만들어 쓰다니 말이 돼?"

사람들은 의문을 가지게 됐어. 그때까지만 해도 네안데르탈인 지능으로는 화장품을 못 만든다고 생각했기 때문이었어.

하지만 네안데르탈인이 조개껍데기를 이용해 화장했다면 현재 인류와 지능이 비슷했을 거라고 해. 과연 인류가 정말 천천히 진화해 온 게 맞는 걸까? 조개껍데기와 화장품의 발견은 인류 역사에 커다란 의문을 던졌단다.

몸을 보호하기 위한 화장술

"오늘 날씨는 어떻지? 비? 바람도 많이 불까?"

사람들은 하루를 시작하면서 날씨를 확인하곤 해. 외출하기 전에 날씨를 확인하는 이유는 날씨에 맞게 필요한 물건을 챙기려고 그러겠지? 바람이 부는 날에는 바람막이 점퍼를 입고, 미세 먼지가 심한 날은 마스크를 착용하잖아. 햇볕이 따가운 날은 선글라스도 쓰지. 사람들은 몸을 보호하기 위해 그때그때 알맞은 방법들을 사용해.

원시 시대 사람들 역시 몸을 보호하기 위해 화장이나 도구를 사용했어. 강한 바람이나 땡볕, 추위 등 사는 지역의 기후에 따라 주변에서 구할 수 있는 재료로 몸을 보호한 거야. 물론 오늘날처럼 모자나 점퍼 등은 없었으니 자연에서 얻을 수 있는 재료를 적극 이용해야 했지. 특히나 사냥하거나 전쟁할 때에는 몸을 숨기기 위해서 온몸에 화장을 하기도 했어.

"숲에서 싸우려면 몸을 온통 녹색으로 칠해야겠어. 풀잎들도 머리에 꽂아야겠지? 그래야 적들 눈을 피하기 쉬울 거야."

전쟁에 참여한 사람들은 싸움터의 조건과 꼭 닮은 색으로 몸을 칠하고 꾸며서 위장했어. 그래야 자연 속에 몸을 숨길 수 있었기 때문이야.

이런 위장술은 오늘날에도 군복을 만들 때 활용하는 방식이야. 군복은 그 나

라 환경에 큰 영향을 받아. 대한민국 군인은 녹색 군복을 입고, 중동 지역 군인은 황토색 군복을 입잖아. 우리나라에는 산이 많고 중동에는 사막이 많기 때문이지.

원시 시대에는 사냥을 나갈 때도 자연을 이용해서 몸을 꾸몄어.

'나뭇잎으로 온몸을 둘렀으니까 사냥감에게 들키지 않을 거야!'

사냥을 나간 사람들은 동물의 털이나 새의 깃털, 풀잎 등으로 몸을 위장하곤 했어. 사냥감 몰래 공격하기 위해 사냥하려는 동물의 기름이나 배설물을 몸에 바르기까지 했다지 뭐야.

그래도 이때까지는 화장인 듯 위장인 듯 경계가 흐릿해서 예뻐지기 위한 화장과는 거리가 멀었지. 하지만 문명이 시작되면서 조금씩 달라지기 시작했단다.

악어의 똥으로 루주를 만들다?

화장품 가운데 가장 강렬한 매력을 지닌 것은 단연 루주야. 화장을 했을 때 가장 돋보이는 부분은 붉은 입술이거든. 루주의 성분은 시대에 따라 수없이 변화해 왔어. 놀랍게도 고대 이집트 벽화에서 붉은 입술을 한 인물을 쉽게 찾아볼 수 있단다. 지금처럼 화장품이 발달하지 않았던 시대인데 어떻게 루주를 만들었을까? 당시 화장품 제조 방법은 그리 청결하지 않았어. 조개에서 추출한 물질을 사용하거나 개미, 딱정벌레와 같은 곤충을 활용하기도 했어. 심지어 악어의 똥을 이용해 만들었다고 해. 이런 불결한 재료의 립스틱은 사용자들에게 치명적인 질병을 유발시키기도 했단다.

화장술로 신분과 종족을 드러내다

문명이 발생할 무렵 사람들은 다른 사람들과 어울려 살기 시작했어. 그러자 그곳에 마을이 생기고 사회가 이루어졌어. 이제 사람들은 한곳에서 힘을 합쳐 서로 돕고 의지하면서 살게 됐단다. 그러다 다른 마을에서 자기네 마을로 침입해 오면 다툼이 벌어지곤 했어.

하지만 이 마을 저 마을 사람들이 바글바글 떼를 지어 싸우다 보면 누가 누군지 쉽게 구별할 수 없었지.

'적인가? 이런! 아니잖아? 큰일 날 뻔했어.'

싸우다가 잘못하면 같은 편을 공격하는 실수를 범할 수도 있었어. 지금이야 각 군대나 나라별로 특색 있는 군복이 있으니까 아군과 적군을 한눈에 구별할 수 있지만 그때는 전투복은커녕 제대로 된 옷도 없었기 때문이지. 아마 오늘날 사람들도 대중목욕탕에서 일행을 잃어버리면 쉽게 찾기 어려울걸?

사람들은 자신의 부족을 쉽게 알아보기 위해 몸에 표시를 하기 시작했어. 얼굴이나 몸에 특별한 표시를 하면 누가 우리 편인지 쉽게 구별할 수 있으니까 말이야. 다른 부족과 싸움이 시작되면 누구를 돕고 누구를 무찔러야 하는지 금방 알아차릴 수 있었지.

게다가 같은 부족을 상징하는 표시를 해 두면 '우리는 하나!'라는 느낌을 강

하게 느낄 수 있었어. 이건 오늘날에도 마찬가지야. 같은 팀끼리 운동 유니폼이나 동아리 유니폼 등 옷을 맞춰 입으면 소속감을 느낄 수 있지.

부족 사회가 발달할수록 다른 부족과의 구분도 필요했지만 같은 부족 안에서도 사람들을 구별할 필요가 생겼어. 사회가 형성되면서 자연스럽게 신분이나 계급이 나타나기 시작했거든. 그래서 신분이나 계급이 높다는 걸 표시하기 위해 신체를 장식하기도 했어. 특히 우두머리는 자신만의 위엄을 보이게 해 줄 치장이 필요했어. 다른 사람들과 확실히 구별되어야 했으니까.

"어험, 나를 따라 치장하는 자는 절대 용서할 수 없다!"

신분이나 계급을 나타내기 위해서 사람들은 몸이나 얼굴에 색칠이나, 문신을 하고, 일부러 상처를 내거나 몸 일부분을 변형시켰어. 신분이 높을수록 장식은 더 크고 더 화려했지.

뉴질랜드 마오리족과 타모코

뉴질랜드에 사는 마오리족은 아직도 전통을 지키면서 살고 있단다. 마오리족만의 특별한 문신을 '타모코'라고 해. 문양이 각각 다른 타모코는 계급과 신분을 나타내. 유럽인들이 뉴질랜드에 들어와 마오리족과 처음 만났을 때, 타모코를 보고 굉장히 놀라고 무서워했다고 해. 언뜻 보면 무섭지만 자주 봐서 익숙해지면 멋져 보이기도 해.

타모코 속에는 부족과 개인의 정보들이 고스란히 담겨 있단다. 그 사람의 사회적 지위나 지식 정도를 알 수 있어. 계급이 높은 부족장 혹은 귀족들이 가진 타모코의 문양은 더욱 섬세하고 정교하고 만들어져서 아름답기까지 하지.

타모코는 남녀에 따라 새기는 위치도 달라. 남자는 주로 얼굴과 엉덩이, 허벅지에 타모코를 새기고, 여자는 주로 입술, 턱에 새기고 있어.

마오리족은 오늘날에도 문신할 때 기계를 사용하지 않아. 뼈로 만든 바늘로 하나하나 찔러서 피부에 색소를 넣어서 문양을 만들기 때문에 무척 아플 거야. 문양은 지위가 높을수록 더 정교해지고 섬세해져. 더 많은 고통을 참고 견뎌 낸 사람이 부족의 존경을 더 받는 셈이야.

 ## 악령으로부터 나를 지킨다!

원시 시대 사람들은 갑자기 자연재해가 닥치거나 무서운 병에 걸리면 신을 찾을 수밖에 없었어. 그들에게는 과학적인 지식이 없었고 문제를 해결할 기술도 없었기 때문이야.

"하늘이여, 부디 병을 옮기는 악령을 물리쳐 주소서!"

사람들은 악령이 그들을 공포와 죽음 속으로 몰아넣는다고 생각했어. 따라서 악령을 쫓고 신에게 도움을 청하는 신성한 의식이 필요했단다. 의식에 참여할 때는 아주 화려하게 장식했어. 의식을 멋지게 잘 치르기 위해 화장이 필요했던 것이지.

그들은 우선 악령으로부터 자신을 보호하기 위해 몸을 꾸몄어. 진한 화장은 물론 몸에 문양을 새기는 문신도 마다하지 않았어. 기괴한 화장이나 문신을 해서 악령을 놀라게 하면 달아난다고 생각했던 거지.

장례식에서는 악령으로부터 죽은 사람을 보호하려고 가면을 씌우기도 했어. 이유는 간단해. 가면을 쓰면 누가 누군지 알아볼 수가 없잖아? 악령이 누군가를 해코지하려고 찾아왔다가도 가면 때문에 헷갈릴 수밖에 없다고 여겼던 거란다.

결혼식을 할 때도 악령으로부터 신부를 보호하고 축복을 빌기 위해 특별한

화장을 했어. 불가리아에 사는 소수 민족 포막족한테는 예부터 아주 특별한 신부 화장이 내려오고 있단다. '겔리나'라는 이름을 가진 화장은 오직 신부만 할 수 있다고 해. 신부는 귀신처럼 얼굴을 하얗게 칠한 다음 알록달록한 구슬로 장식을 한단다. 특히 신부가 화장하는 신성한 곳에는 아무도 들어갈 수 없어. 이 화장이 결혼하는 연약한 신부를 악마로부터 지켜 주는 힘이 있다고 믿었단다.

  이렇듯 화장은 결혼식이나 장례식 등 인류의 모든 의식과 함께해 왔다고 해도 과언이 아니야. 그리고 시대가 지나면서 다양한 의미를 뜻하는 다양한 화장이 계속해서 등장했지.

고대와 중세 시대 사람들은 어떻게 화장했을까?
사진도 존재하지 않았던 까마득한 옛날이라
화장한 모습을 직접 볼 수는 없어.
하지만 그들이 남겨 놓은 그림과 문서를 통해 알 수 있지.
이 시대부터 화장법은 단지 멋을 내는 걸 넘어서
그 시대의 가치와 철학을 담아내기도 한단다.
그럼 지금부터 고대와 중세 시대의 화장법이
어떻게 달랐는지 한번 알아볼까?

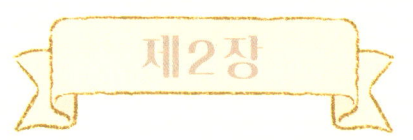

화장은 신의 뜻이자 부의 상징

이집트 여왕 눈 화장의 비밀

화장품이 탄생한 시기는 조개껍데기 화장 도구가 발견된 5만 년 전까지 올라가지만, 더 확실하고 구체적인 화장의 흔적은 고대 이집트에서 찾아볼 수 있어. 고대 이집트는 세계 4대 문명 발상지답게 많은 유적과 유물을 남겨 주었어. 그중 기원전 7500년경 고대 이집트 무덤 속 벽화에서 화장한 사람들의 모습이 발견됐단다.

고대 이집트 사람들의 화장에서 가장 눈에 띄는 건 뭐니 뭐니 해도 눈 화장이야. 고대 벽화에서 이집트 사람들 얼굴을 살펴보면 눈 화장이 아주 진해. 여자는 물론 남자들도 눈 주변을 검정이나 짙은 녹색으로 칠했어. 그래서 눈이 아주 선명하고 또렷해 보이지. 이들이 눈 화장을 이렇게 짙게 한 데에는 몇 가지 이유가 있단다.

첫 번째는 환경적인 이유야. 이집트의 건조한 사막 기후와 뜨거운 햇볕으로부터 눈을 보호하기 위해서지. 진한 화장을 하면 눈부심이 덜해서 사물을 똑바로 볼 수 있는 장점이 있거든. 오늘날에도 이와 비슷한 모습을 찾아볼 수 있어. 야구 선수들이 경기를 할 때 눈 밑에 검게 칠하거나 테이프를 붙이잖아. 이렇게 눈 밑을 까맣게 칠하는 이유는 대상을 잘 보기 위해서야. 햇빛이 강하면 눈이 부셔서 공을 똑바로 바라보지 못하게 되는데 검은색이 빛을 흡수해 눈부심

을 막아 주거든. 고대 이집트인들도 마찬가지로 진한 눈 화장을 해서 거친 사막의 햇볕으로부터 눈 건강을 지켰던 거야.

두 번째는 주술적인 이유였어. 고대 이집트 신화에는 호루스라는 신이 있지. 호루스는 악의 신과 싸우면서 양쪽 눈을 다쳤어. 하지만 다른 신의 도움으로 양쪽 눈을 다시 얻어 원래보다 더 완전하고 신성한 눈이 되었지. 호루스의 눈은 일명 '지혜의 눈'이라고도 불리며 악귀를 물리쳐 준다고 믿었단다. 그래서 눈 주위를 호루스처럼 검게 칠했던 거야.

고대 이집트인들은 몸에 난 구멍으로 나쁜 기운이 들어온다고 여겼어. 그래서 입술도 붉게 칠했지. 동서양 모두 붉은색은 귀신을 쫓아 준다는 믿음이 있었거든. 눈과 입술 화장을 통해 나쁜 기운이 몸으로 들어오는 걸 막았던 거지. 귀와 코를 주로 장식한 것도 같은 이유였어. 이런 장식을 하면 나쁜 기운이나 귀신이 깜짝 놀라 도망갈 거라고 생각했단다.

이처럼 고대 이집트인의 화장은 미용보다는 신체 보호나 주술적인 이유가 더 컸어. 하지만 고대 이집트 왕조 후기로 가면서 조금 달라지기도 했지. 여기선 고대 이집트의 마지막 왕조를 이끈 클레오파트라 여왕 이야기가 빠질 수 없어.

프랑스의 철학자 파스칼은 "클레오파트라의 코가 조금만 낮았어도 인류의 역사는 달라졌을 것이다."라는 유명한 말을 남기기도 했지. 그 정도로 그녀는 세계사에서 아주 중요한 순간에 등장한 인물이었어.

특히 클레오파트라는 서양 미녀의 대명사가 될 만큼 얼굴이 예뻤던 것으로 잘 알려져 있어. 그럼 어릴 적부터 타고난 미인이었냐고? 꼭 그렇지만은 않았다고 해. 실제로 클레오파트라의 얼굴은 별로 아름답지 않았다는 얘기가 있어.

심한 매부리코 때문에 이목구비가 조화롭지 못했다고 해. 하지만 화장술 덕분에 엄청난 미인으로 역사에 남을 수 있었어.

영화나 그림에 등장하는 클레오파트라는 짙은 눈썹에 화려한 눈 화장을 한 모습이야. 눈 가장자리를 검게 칠하면 눈이 아주 커 보이는 효과를 얻을 수 있지. 그녀는 자신의 장단점을 정확히 알고 화장으로 미모를 돋보이게 했던 거야. 신체를 보호하거나 주술적인 이유로 화장을 한 과거 이집트인들과는 다르게 자신의 얼굴을 아름답게 보이기 위해 화장했던 거지. 너무 당연한 얘기 아니냐고? 지금은 평범해 보이는 얘기도 아주 오래전에는 놀랍고 창의적인 시도였단다.

고대 이집트인들은 화장에 대한 놀라운 정보들을 많이 남겼어. 몸단장과 건강 관리에 관해 무려 700가지가 넘는 처방과 치료 약을 담은 문서가 전해지고 있거든. 이집트인은 모래에 점토와 재를 섞어 각질 제거제로 사용하고, 달걀과 향기로운 기름을 섞어 마스크 팩을 만들기까지 했어. 이렇게 팩을 하면 햇빛으로 얼굴이 건조해지는 것을 막고 벌레를 퇴치하는 데 효과가 있었지. 주름 개선 크림도 만들어 사용했을 정도였다니 정말 놀라워.

눈 화장의 재료는 보석이다?

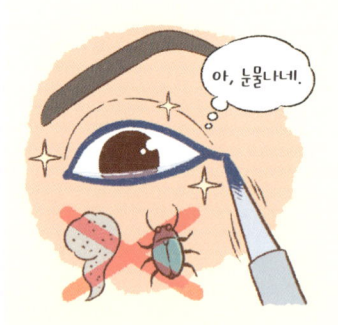

고대 이집트인들이 눈 화장에 썼던 재료는 무엇일까? 놀랍게도 공작석이라 불리는 일종의 보석이야. 짙고 선명한 녹색의 바탕 위에 뚜렷하게 그린 듯한 줄무늬가 흡사 아름다운 공작의 날개를 닮았다고 해서 공작석이라 부른대. 곱게 빻은 공작석 가루를 기름에 섞어서 눈가에 바른 거지. 이것은 눈을 보호하는 데 탁월한 효과가 있었다고 해. 사막은 늘 모래바람이 불어 눈이 건조해지기 쉬웠어. 눈가에 바른 공작석 가루가 눈물샘을 자극해서 눈가가 촉촉해지면 모래나 벌레 등이 눈에 들어가는 것을 막을 수 있었단다.

머리 위 기름 덩어리의 정체

피부를 보호하기 위해 향이 섞인
기름을 바르는 모습

고대 이집트 벽화에 등장하는 사람들의 머리 장식을 보면 특이한 것들이 많아. 그중에서도 특히 눈에 띄는 게 있어. 머리 위에 둥그런 컵을 뒤집어 놓은 듯한 모양의 장식품이야. 이건 향료를 섞은 기름 덩어리라고 해. 이집트에서는 파티를 벌일 때 손님들의 머리 위에 저걸 얹어 주는 게 유행이었대. 왜 그랬냐고? 무더운 사막의 기후 때문에 피부가 건조해지는 걸 막기 위해서지. 파티가 열리는 저녁 동안, 저 기름 덩어리가 체온에 서서히 녹아 머리부터 얼굴, 목과 어깨로 자연스레 흘러내리면서 은은한 향기와 함께 피부를 촉촉하게 만들어 주었다고 해.

예뻐질 수 있다면 위험해도 괜찮아!

고대 그리스는 신들의 세상이라고 할 수 있어. 신들의 제왕 제우스를 비롯하여 수많은 신의 이야기가 가득하지. 신화 속 신들은 하얀 얼굴에 금발을 휘날리며 등장하곤 해. 그리스인들은 자신들이 상상한 신들의 모습을 닮길 원했어. 신들이야말로 가장 완벽하며 아름다운 모습을 가졌다고 생각했지.

물론 처음부터 신들의 모습을 모방했던 건 아니야. 처음엔 하얗게 화장한 얼굴을 좋게 보지 않았거든.

"신이 주신 얼굴을 가리다니! 화장은 자연의 섭리를 어기는 행위입니다!"

그리스인들은 화장을 아주 천하다고 여겼어. 그래서 화장한 여성들은 손가락질을 당하기 일쑤였지.

하지만 세월이 흐르면서 유행도 변한 걸까? 어느새 그리스인들은 너도나도 하얀 얼굴을 가지고 싶어 하기 시작했어. 그냥 뽀얀 정도가 아니라 창백할 정도로 새하얀 얼굴을 원했지.

고대 그리스에서는 하얀 얼굴이 상류층의 특권이며 부의 상징이었다고 해. 왜 그랬을까? 쨍쨍 햇볕이 내리쬐는 바깥에서 노동하는 사람들은 피부가 까맣게 탈 수밖에 없었어. 그러니 신분이 낮은 사람들은 하얀 얼굴을 가지기 어려웠지. 반대로 부유한 상류층은 주로 실내에서 활동했기 때문에 대체로 하얀 피

부를 가질 수 있었어.

　사람들은 더 하얗게 만들기 위해 얼굴에 분칠까지 했어. 급기야 피부에 위험한 납 성분이 들어간 분을 발랐지. 분을 바르면 피부를 하얗게 만들어 주고 기미와 잡티마저 지워 주었으니까.

　하지만 납은 아주 위험한 물질이야. 피부에 닿으면 따가워지는 건 물론 화상도 입힐 수 있어. 심하면 어지럼증에 속이 울렁거리고 생명까지 위협할 정도지. 그런데도 그리스 여성들은 위험한 분가루를 발라 하얀 얼굴을 만들기 바빴단다.

　얼굴이 하얗게 완성되면 다홍색으로 입술을 칠했어. 눈두덩에는 붉은 갈색과 녹색, 회색 등의 아이섀도를 발랐지. 눈썹은 아치형으로 그리고 코에는 명

암을 넣어 얼굴의 입체감을 살렸단다.

이렇게 외모에 관심을 가진 건 여자뿐만이 아니었어. 남자들도 얼굴과 몸에 무척 관심을 기울였다고 해. 무엇보다 남자들은 털을 깨끗하게 밀어 버렸어. 면도와 이발을 위한 이발소가 생겨났을 정도였지. 그곳에서는 송진과 석고를 섞어 탈모제를 만들고 족집게를 이용해서 털을 뽑았단다. 물론 노인이나 철학자는 수염을 길게 길러 위엄 있는 모습을 지키기도 했어. 신화에 나오는 신, 제우스나 포세이돈처럼 말이지.

고대 그리스 사람들 이야기를 하고 보니까 이런 생각이 들어. 예뻐지고 멋있어지기 위해 위험이나 고통을 참는 사람들을 보면 예나 지금이나 유행은 참 무서운 것 같아.

화장품은 영어로 코스메틱(Cosmetic)!

화장품은 영어로 코스메틱(Cosmetic)이야. 그리스어 코스모스(Kosmos)에서 나온 말이지. 코스모스는 우주의 조화와 질서라는 뜻을 담고 있어. 더불어 '장식하다' 또는 '치장하다'라는 의미도 가지고 있지. 사람들은 보통 화장을 예쁘게 장식하고 꾸미는 것쯤으로 알고 있어. 그런데 화장은 신체적 결함을 감춘다는 의미도 깃들어 있단다. 얼굴에 흠이나 상처가 있다면 화장을 통해 잘 보이지 않도록 꾸미고 장식해서 남들에게 아름답게 보이도록 만드는 것이지. 따라서 코스메틱이란 말 속에는 자신의 얼굴을 가꾸고 꾸미는 일이 작은 우주인 우리 몸의 결점을 보완하여 더 조화롭고 아름답게 만든다는 뜻이 숨어 있을 거야.

몸단장을 돕는 시녀만 100명?

고대 유럽에서 가장 위대한 역사의 발자취를 남긴 국가는 어디일까? 두말할 것도 없이 고대 로마 제국이야. 고대 로마 제국은 유럽에서 북아프리카와 페르시아에 이르는 영토를 지배했던 엄청나게 거대한 제국이었어. 당연히 고대 로마 제국을 다스렸던 황제의 권력 또한 어마어마했지.

그 가운데서 폭군으로 악명 높았던 네로 황제에 대해 이야기하려고 해. 네로 황제와 그 부인은 사치가 무척 심했다고 해. 왕비의 경우 미용을 담당하는 시녀만도 무려 100명이 넘었어. 시녀들은 피부와 화장 담당, 머리 손질 담당, 마사지 담당 등 맡은 분야가 각각 달랐어. 그녀들은 전문적인 손길로 황실 여인들의 외모를 가꾸어 주었지.

고대 로마의 귀부인들도 다를 게 없었어. 몸단장을 돕는 시녀들을 여럿 두고 아침마다 목욕을 한 다음 아주 공들여서 화장을 했단다. 나귀 젖에 갠 밀가루 팩으로 얼굴 피부를 가꾸었으며, 몸에 난 털도 깨끗하게 제거했어. 가슴, 팔다리, 겨드랑이 그리고 콧속에 난 털까지 없앴지. 혹시라도 시녀들이 털을 뽑다가 귀족의 몸에 상처라도 내면 아주 가혹한 벌을 받았다고 해.

머리 모양을 꾸미는 데도 정성을 들였어. 불에 달군 쇠막대로 머리카락을 감았다가 풀어서 동글동글 컬을 만들었지. 이렇게 구불구불한 컬을 만든 머리는

길게 늘어뜨리거나 우아한 올림머리를 만들기도 했단다. 이 방법은 요즘도 그대로 쓰이고 있어. 바로 고데기로 컬을 만들어 머리 모양을 내는 방법이랑 비슷하지?

더욱 놀라운 건 그 시대에도 머리를 염색했다는 사실! 심지어 무척 유행이었다고 해. 본래 짙은 갈색 머리가 대부분이었던 로마 사람들은 게르만족의 금발을 부러워했어. 국경 너머 다른 머리색을 가진 사람들을 정복하면서 염색이 인기를 끌기 시작했단다. 염색이 귀찮은 사람은 가발을 만들어서 썼을 정도였대.

그런데 좀 이상하지 않아? 신분이 높은 로마 시민권을 가진 여인들이 왜 굳이 로마가 정복한 곳 사람들의 머리 모양을 따라 했을까? 엉뚱하게도 이유는 시녀들 때문이야. 정복지에서 노예로 끌려온 시녀들이 로마 남성들의 마음을 사로잡았거든. 노예들과의 경쟁에서 이기기 위해 로마 여성들도 머리 색깔을 따라 한 거지. 미용의 세계는 참 알다가도 모를 일이야.

고대 로마인들은 특히 목욕을 좋아한 것으로도 유명해. 집에 목욕탕이 없는 사람들은 자주 공중목욕탕을 찾았단다. 로마의 공중목욕탕은 목욕만 하는 곳이 아니었어. 목욕을 즐길 뿐더러 운동도 하면서 놀이를 즐기는 곳이었지. 그래서 사우나와 체육 시설까지 갖춘 곳도 있었어. 혹시 요즘 사람들이 자주 가는 어떤 장소가 떠오르지 않니? 맞아, 찜질방! 로마의 공중목욕탕은 오늘날 찜질방 문화와 무척 닮았지.

로마 제국의 군인들은 점령한 곳에도 목욕탕을 지었어. 이탈리아 반도에서 위쪽으로 진출할수록 날씨가 쌀쌀했기 때문이야. 군인들은 전쟁 중이라 로마에는 갈 수 없었지만 점령지에 있는 목욕탕에서 지친 몸을 녹이고 피로를 풀 수 있었어. 새로운 점령지에 목욕탕을 짓고 그곳에서 사람들과 교류하면서 자연스레 로마의 문화를 퍼트리기도 하고 다른 문화를 받아들여 새로운 문화가 탄생하기도 했어. 화장의 문화도 그렇게 유럽 전체로 퍼져 나갔단다.

로마인들은 어떻게 목욕했을까?

로마 제국이 영국을 지배하던 당시 지었던 공중목욕탕.

고대 로마의 목욕탕은 주로 정원 한가운데 자리했어. 오늘날 목욕탕보다 훨씬 화려하게 꾸며져 있었으며 멋진 조각품이나 그림으로 장식된 경우도 있었어.

고대 로마의 시민들은 노예의 시중을 받아 목욕했다고 해. 우선 목욕하기 전에 몸에 기름을 발랐어. 그런 다음 간단히 운동을 하고, 온탕과 한증실로 들어가 때를 빗겨 냈다고 해. 그러고는 다시 온탕과 냉탕에서 수영을 즐겼단다. 마지막으로 몸에 기름을 바르면 비로소 목욕이 끝났지.

붉은 입술과 하얀 피부를 만들기 위하여

고대 로마 여성들은 하얗고 창백한 얼굴에 집착했어. 얼굴이 하얗게 되면 붉은 입술과 까만 눈매가 두드러졌거든. 그들은 하얀 피부를 만들기 위해 당나귀 젖에서 추출한 보습용 크림을 사용했지. 당나귀 젖에는 미용에 좋은 성분이 들어 있었던 모양이야. 전설에 따르면 클레오파트라는 당나귀에 700마리의 젖으로 매일 목욕을 했다고 해. 네로 황제의 부인 포파이아 역시 당나귀 500마리의 젖으로 목욕을 했다는구나. 황후였기에 가능했던 일이지.

또 얼굴을 하얗게 만들기 위해 갖가지 재료를 사용했어. 마른 악어똥을 얼굴에 바르기도 했고, 백묵이나 독성이 있는 흰 붓꽃 뿌리를 바르기도 했지. 심지어 연백분이라 불리는 흰색 납 성분을 얼굴에 발랐는데 이것은 독성이 강해 피부가 손상되는 원인이 되곤 했어.

상류층 여성은 입술용 화장품으로 붉은 황토를 칠했고, 그 외에는 적포도주의 찌꺼기를 립스틱처럼 발랐대. 눈 화장도 중요하게 여겨 곰의 지방과 숯으로 눈매를 선명하게 만들었고, 일부 상류층 여성들은 샤프란 꽃잎을 눈꺼풀에 문질러 주황색으로 물을 들이기도 했단다.

 ## 화장은 죄를 짓는 일

거대한 제국, 로마는 영원할 것 같았지만 결국 동과 서로 갈라지게 됐어. 동쪽에 자리 잡았던 동로마 제국은 비잔틴 문화를 이루며 제대로 뿌리를 내렸지만 서로마 제국은 일찍 멸망하면서 여러 나라로 갈라져 버렸지.

중세 시대가 시작될 즈음 기독교가 유럽 곳곳에 퍼져 나가기 시작했어. 서로마 제국에서 갈라져 탄생한 국가들은 기독교를 국교로 삼았으며 오직 신만을 섬기는 세상이 되었지. 하느님의 뜻대로 사는 게 최고의 가치이자 신성한 의무가 된 거야.

그러면서 자신을 꾸미는 몸치장과 화장에 대한 생각도 완전히 바뀌었어. 기독교에서는 성경을 통해 하느님이 자신의 형상을 본떠 인간을 만들었다고 이야기했어. 그러니 인간의 몸에 함부로 손을 대는 것은 신의 뜻을 훼손하는 불경한 짓이 되는 거라고 주장했지.

이런 이유로 교회에서는 여성이 외모를 꾸미는 것을 아주 못마땅하게 여겼어. 향수를 쓰거나 머릿기름만 발라도 겉멋이 잔뜩 들었다고 비난하기 일쑤였지. 얼굴 화장은 꿈도 꾸지 못할 일이었단다. 이렇게 손가락질할 게 뻔했거든.

"얼굴을 꾸미는 화장은 가면을 쓰는 것처럼 자신을 속이는 일입니다!"

"다른 신을 믿는 낯선 민족이 언제 침입할지 모르는데 어떻게 얼굴 단장이나

할 수 있겠습니까?"

　유럽에서 기독교가 중심이 된 뒤로 사람들은 화장을 하거나 몸을 꾸미는 일은 신의 작품을 망가뜨리는 일이라고 생각했어. 신이 만든 신성한 얼굴에 덧칠을 해서 악마의 모습으로 만드는 것이 곧 화장이라 여겼던 거야. 기독교의 시각에서 사람의 몸을 일시적으로 꾸미는 것은 아주 헛되고 부질없는 속임수에 불과했지.

　교회는 사람들이 머리를 장식하거나 아름답게 꾸미는 일 역시 허용하지 않았어. 천으로 머리를 감싸거나 관을 써서 머리 모양이 잘 드러나지 않도록 만들었지. 더불어 여성들이 머리를 자르는 것도 금지되었어. 여성들은 머리를 길게 늘어뜨리거나 길게 땋아 허리와 무릎까지 내려뜨렸단다.

교회는 화장이나 몸치장뿐 아니라 목욕하는 것까지 눈엣가시처럼 여겼어. 그래서 사람들은 여름에도 마음껏 씻을 수가 없었어. 특별한 의식 전날에만 목욕을 허락했다고 해.

"씻으려는 사람은 영혼이 더럽기 때문입니다. 신을 섬기는 사람이 지저분한 것은 신앙이 깊기 때문입니다!"

이렇게 외치는 사람들이 많아질수록 교회에서는 고약한 냄새가 진동했어. 하지만 교회의 힘이 워낙 세다 보니 아무도 불만을 얘기하지 못했어. 점차 사람이 많이 모이는 곳에서는 냄새를 이기지 못해 향을 피우는 일이 자연스러워졌지. 꾸미는 건 그만두고 씻는 것까지 죄라고 여기는 이 시대는 과연 언제까지 계속됐을까?

공자님 말씀과 중세 기독교가 닮았다?

중세 시대에 화장을 죄악시한 것은 인간의 몸을 신성하게 여겼기 때문이야. 공자의 가르침에서 시작된 동양의 유교 사상에서도 인간의 몸을 소중히 여겼어. 혹 신체발부 수지부모(身體髮膚 受之父母)란 말을 들어 본 적 있니? 이건 '사람의 신체와 터럭(털)과 살갗은 부모에게서 받은 것이니 감히 훼손하지 않는 것이 곧 효의 시작이다.'라는 뜻이야.

그래서 유교를 따르던 조선 시대 유학자들은 머리카락 하나도 손상시키지 않았어. 1985년 일본이 강제로 머리카락을 자르라는 단발령을 내렸을 때 온 나라 선비들이 '내 목은 자를지언정 머리카락은 자를 수 없다.'고 들고 일어난 것도 이런 이유 때문이야.

십자군 전쟁이 몰고 온 새바람

얼굴에 화장을 하거나 몸치장을 죄라고 여겼던 중세 시대 문화는 서서히 금이 가기 시작했어. 바위처럼 꿈쩍도 안 할 것 같던 근엄한 분위기가 지배한 유럽을 뒤흔든 건 바로 십자군 전쟁이었어.

십자군 전쟁은 11세기 말에서 13세기 말에 일곱 번이나 일어났던 기독교와 이슬람교도의 대전쟁이야. 기독교도는 예루살렘을 이슬람 세력에 빼앗기자 기독교 성지인 예루살렘을 되찾기 위해 싸우러 떠났지. 이 전쟁에 참여한 기독교 군사들이 가슴과 어깨에 십자가 표시를 했기 때문에 십자군이라고 불렀어. 그래서 전쟁 이름도 십자군 전쟁이었지.

기독교도는 하느님이 자신들을 지켜 줄 거라는 믿음에 무모한 싸움을 벌였지만 결국 십자군 전쟁은 실패로 돌아갔어. 교회의 권위는 땅에 떨어지고 수많은 사람이 목숨을 잃었어. 일이 이렇게 되자 사람들은 전쟁에 앞장섰던 교회의 말을 무조건 믿고 따르지는 않게 되었어.

게다가 기독교 사람들은 전쟁터에서 이슬람 문화를 만나게 됐어. 아랍인들의 화려한 옷차림이나 화장품, 향신료 같은 것들은 이들의 눈길을 사로잡았지. 전쟁에 참여했던 기사들은 고향으로 돌아갈 때 화장품과 향신료 같은 것들을 가져갔단다.

"어머나, 세상에! 정말 마법 같은 물건들이에요."

여자들은 태어나서 처음 보는 진기한 물건들에 눈이 휘둥그레지며 마음을 빼앗겼어. 자연스레 자신의 몸을 아름답게 치장하는 데 관심이 생겨날 수밖에 없었지.

아랍인들이 사용했던 머리 염색 도구와 로션, 크림 등은 유럽에 영향을 주었어. 다양한 화학 물질을 연구하던 연금술사들은 아랍인의 물건들을 보고 자극을 받아 직접 묘약과 향수를 만들어 내기 시작했단다.

여자들은 얼굴에 밀가루로 만든 분을 바르고, 피부를 깨끗하게 만들기 위해 표백제까지 만들어 사용하기 시작했어. 왕실이나 귀족들은 화려한 옷이나 보석에 욕심을 냈고 전용 미용사까지 두었지. 다시 변화가 시작된 거야.

굳게 닫힌 성처럼 꽁꽁 닫혀 있던 서유럽 중세 문화는 십자군 원정 이후 점점 달라졌어. 학문과 예술이 발전함에 따라서 교회 건물 모양과 장식에도 변화가 생겼지. 이때 등장한 새로운 문화 양식을 고딕 양식이라고 불러.

고딕 양식의 가장 큰 특징은 뭐든 뾰족뾰족하다는 거야. 고딕 양식의 영향을 받아 교회의 지붕은 뾰족한 탑 모양을 이루었고, 내부에는 알록달록한 유리창들이 나타났어. 스테인드글라스라고 부르는 유리창 장식은 교회 내부를 아름다운 빛으로 수놓아 아주 신비롭고 밝은 분위기를 만들어 냈어.

고딕 문화는 사람들 외모에도 영향을 주었어. 여성들은 머리카락을 위로 잡아당기듯 끌어올려 뾰족한 머리 장식을 만들었어. 너무 단단하게 고정시킨 탓에 눈썹까지 위로 올라갈 정도였단다. 마치 뾰족한 교회 지붕처럼 말이야.

화장을 손가락질하던 문화도 점점 희미해졌어. 사람들은 다시 얼굴을 하얗게 가꾸고 붉은색 염료로 볼과 입술을 발그레하게 발랐단다. 오직 신만을 섬기면서 화장이나 꾸밈을 완전히 배척했던 중세 문화는 이렇게 역사 속으로 사라져 갔지.

어둡던 중세 시대가 막을 내리고 르네상스 시대가 왔어.
신의 중심 세상에서 벗어나 비로소 인간 중심의 문화가 펼쳐지기 시작한 거지.
이 시기에 앞장서 유행을 이끌었던 건 누구였을까?
요즘은 텔레비전, 인터넷 스타들이 대중에게 영향을 주지만,
과거에는 여왕이나 왕비, 또는 귀족 여성들이 인기 스타나 다름없었단다.
그녀들의 옷차림이나 화장이 대중의 눈길을 끌었지.
엘리자베스 1세 여왕, 마리 앙투아네트 왕비, 빅토리아 여왕 등
역사 속 중요한 인물들의 화장법이 어떠했는지 한번 들여다볼까?

제3장

화장의 여왕들

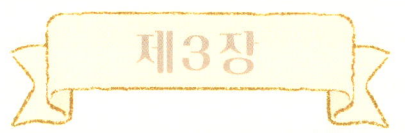

패셔니스타, 엘리자베스 1세

중세 시대가 저물어 가던 15세기 무렵, 유럽에서는 학문과 문화, 예술을 부활하자는 움직임이 거세져. 인간이 중심이었던 고대 그리스 로마 문화를 다시 되살리자는 뜻이었지. 이 운동을 르네상스라고 해.

르네상스 운동으로 일어난 가장 큰 변화는 세상의 중심을 신이 아닌 인간으로 여기게 되었다는 거야. 화장을 하는 것만으로도 죄를 지은 취급을 했던 때랑 너무나 달라진 거지. 이제 사람마다 자신의 개성을 뽐낼 수 있는 사회 분위기가 만들어진 거야.

이 무렵 대중의 관심을 끈 패셔니스타는 영국의 여왕 엘리자베스 1세야. 엘리자베스 1세는 영국 역사상 가장 뛰어난 국왕 중 한 사람으로 손꼽히고 있어. 작은 섬나라 영국을 유럽의 중심 국가로 우뚝 서게 만들었거든. 막강한 권력을 한 손에 쥔 위대한 군주였던 만큼 자신의 외모를 화려하게 꾸미고 싶었을 거야. 강한 통치자로서의 위엄을 드러내자면 온몸을 화려하게 치장할 필요가 있었으니까. 엘리자베스 여왕은 당시 유럽의 유행을 이끄는 최고의 멋쟁이였어. 여왕의 사소한 장식이나 옷차림, 화장까지 사람들의 관심을 한 몸에 받을 정도였어.

여왕은 자신의 멋진 모습을 담은 초상화를 많이 남겼어. 그림 속 여왕의 모습을 한번 봐. 온갖 보석이 주렁주렁 달린 화려한 의상을 걸치고 있어.

여왕은 특히 도자기 같은 하얀 얼굴과 붉은색 머리칼로 유명했어. 얼굴을 최대한 하얗게 꾸미기 위해 납 성분이 함유된 하얀 가루를 사용했어. 그런데 납 성분은 몸에 무척 해롭기 때문에 자주 바르면 피부가 파랗게 변하면서 손상이 돼. 심하면 죽음에 이를 정도였지.

엘리자베스 1세 여왕은 왜 그런 무모한 화장에 집착했을까? 여기에는 남모를 사정이 있어. 그녀는 어린 시절 천연두를 앓아서 얼굴에 흉터가 있었대. 천연두에 걸리면 대부분 사망하지만 다행히 살아난다 해도 얼굴에 흉터가 남거든. 그래서 그렇게 얼굴을 하얗게 칠했던 거야.

다양한 엘리자베스 여왕의 초상화

이 때문에 여왕은 심각한 후유증을 앓았어. 납 중독으로 피부가 손상되었을 뿐 아니라 머리카락이 빠지고 이도 빠졌지. 그러자 더더욱 두꺼운 화장을 해서 화장품이 얼굴을 덮고 있다가 금이 쩍쩍 갈 정도였다고 해. 빠진 머리카락을 대신해 붉은색 가발을 썼으며, 이가 빠져 볼이 훌쭉해지자 입안에 솜뭉치를 물었다고 해. 결국 여왕은 말년에는 망가진 자기 얼굴이 보기 싫어서 궁전 안에 있는 거울을 모두 없애 버렸단다.

하지만 당시 여성들 사이에서는 여왕처럼 얼굴을 하얗게 하는 피부 화장이 무척 유행이었어. 이 때문에 납 중독에 걸린 여성들이 수두룩했다고 해. 얼굴

뿐 아니라 목과 가슴에도 핏줄이 안 보이도록 하얀 분을 바를 정도였어. 너무 부자연스러울 정도로 하얗다 보니 인형 얼굴 같아 보이기도 했다지 뭐야.

얼굴을 하얗게 만들고 싶은 욕심은 분을 칠하는 걸로 끝나지 않았어. 왁스를 사용해서 얼굴에 난 잔털까지 없앴으니 말이야. 그리고 얼굴을 환하게 보이기 위해 넓은 이마를 강조했단다. 이마를 넓게 만들려고 앞머리를 없애고 심지어 눈썹을 뽑아 내기도 했어. 중세 시대에 꾹꾹 눌러 놓았던 아름다움에 대한 사람들의 욕망이 이 시기에 이르러 무서울 정도로 폭발했던 거야.

모나리자의 눈썹이 없는 이유

아름다움의 기준은 시대와 지역에 따라 달라. 때론 목이 긴 여인이 미인 대접을 받기도 하고, 때론 입술이나 귀가 큰 여인이 미인 대접을 받기도 해. 한때 중국에서는 발이 작은 것이 미인의 필수 조건이었기 때문에 어릴 때부터 발이 자라지 못하도록 천으로 꽁꽁 싸매기도 했단다. 지금의 눈으로 보면 도저히 이해가 안 되는 일들이지.

엘리자베스 1세 시대에도 미인의 기준이 독특했어. 이마가 넓어야 미인 소리를 들었다고 해. 그러다 보니 여인들 사이에서 앞머리를 뽑아 이마를 넓히는 일이 유행했단다.

그 증거를 레오나르 다빈치의 명작 〈모나리자〉에서 찾을 수 있어. 이 작품이 유명해진 것은 여러 가지 풀리지 않는 수수께끼를 품고 있기 때문이야. 그중 하나가 눈썹이 없다는 사실인데 이를 두고 여러 이야기들이 쏟아져 나왔어. 나병 환자여서 그렇다는 둥, 미완성 작품이라 눈썹을 미처 그리지 못했다는 둥 제각각 설명을 하지. 하지만 정확한 이유는 당시 미인의 조건 때문이야. 넓고 시원한 이마를 만들기 위해 앞머리와 눈썹까지 제거해 버렸던 거지.

당시 사람들은 머리카락을 없애기 위해서 기이한 방법을 썼어. 비소라는 독성 물질과 산화칼슘으로 된 생석회를 섞어 이마 주위에 바르고, 보기 흉한 털이 다시 돋아나지 않도록 박쥐나 개구리의 피, 당근즙, 양배추를 태운 재 등을 발랐다는구나. 아름다움을 향한 욕망은 이처럼 우리의 상상을 초월했단다.

머리에 밀가루를 뿌렸던 왕비 앙투아네트

마리 앙투아네트는 루이 16세의 왕비이자 프랑스 대혁명의 중심에 있던 인물이야. 프랑스 혁명이 일어나기 전까지 프랑스 베르사유 궁전은 화려함과 사치가 정점을 향할 정도였어. 반면 국가 재정이 궁핍해지고 흉작이 겹치면서 시민들은 먹을 것도 입을 것도 모자라 지쳐 있었지. 결국 시민들이 들고 일어났고 베르사유 궁전의 주인들은 비극적 최후를 맞았어.

1700년대 프랑스 왕실과 귀족들의 모습을 잠깐만 들여다봐도 얼마나 화려하게 꾸미고 다녔는지 알 수 있어. 그들은 우선 화장품을 지나칠 정도로 많이 사용했어. 얼굴을 새하얗게 만드는 건 당연했고, 특히 붉은 연지가 아주 유행이었다고 해. 얼굴을 너무 하얗게만 꾸미면 아파 보이니까 볼과 입술을 장밋빛처럼 붉게 칠해서 피곤하거나 창백해 보이지 않도록 애썼지. 심지어 잠자리에 들 때도 볼에 연한 연지를 바르고 잘 정도였대.

당시에는 남성들까지 여성들의 화장을 따라 했어. 화장하는 걸 예의로 여기는 사회 분위기 때문이었지. 심지어 갓 유아기를 지난 아이들도 인형처럼 화장했다는구나.

무엇보다도 어마어마한 머리 장식이 눈길을 끌었어. 마리 앙투아네트나 귀족 여성들 초상화를 보면 하나같이 거대한 머리 장식을 하고 있지. 당시 여성들은 옷보다 머리 장식에 더 관심이 많았다는 구나.

마리 앙투아네트 초상화 속 복슬복슬한 머리는 진짜 머리가 아니라 가발이야. 당시엔 주로 가발을 썼는데, 귀족들은 풍성한 가발에만 만족하긴 어려웠는지 별의별 해괴한 장식물을 올려놓기도 했어. 새의 깃털이나 꽃 장식은 물론이고 과일, 마차 같은 모형까지 얹어서 장식했다고 해. 그러니 무게가 장난이 아니었지. 이 때문에 귀부인들 중에는 목을 다치는 사람이 생길 정도였다는구나.

마리 앙투아네트 초상화

귀족들은 너무나 정성을 들여서 장식한 나머지 함부로 머리를 감을 수도 없었어. 머리가 가려우면 작은 꼬챙이로 머리를 긁는 수밖에 없었지. 귀족으로서 체면이 서지 않는 모습이라 남들이 보지 않는 데서 숨어서 긁어야 했대.

왕실과 귀족들의 사치는 그들에겐 멋이었을지 몰라도 굶주림에 시달리는 백성들에겐 눈살을 찌푸리게 하는 일이었어. 특히 백성들을 화나게 하는 것이 있었는데, 그건 바로 머리에 하얀 밀가루를 뿌리는 거였지.

당시에는 크게 부풀린 머리에 밀가루를 뿌려 장식하는 것도 유행이었단다. 왜 하필 밀가루를 뿌렸냐고? 밀가루로 머리를 희뿌옇게 만들면 나이 들어도 흰머리가 잘 느껴지지 않는다고 해서 그랬다는 얘기가 있어. 여성들뿐만 아니라 남성들까지 머리에 하얀 밀가루를 뿌리고 다녔지.

밀가루를 머리에 뿌릴 정도면 나라에 식량이 남아돌았겠다고? 천만의 말씀

이야. 백성들은 먹을거리가 없어서 죽을 지경인데 왕실과 귀족들은 귀한 밀가루를 머리에 뿌리고 다녔던 거야. 이를 본 백성들 심정이 어땠을지 짐작이 가지 않니? 시민들은 울분을 터뜨리며 들고일어나 자유와 평등을 외쳤지. 이렇게 프랑스 대혁명이 시작되면서 화려한 귀족 문화도 막을 내렸단다.

프랑스 대혁명

당시 프랑스는 제1 신분인 성직자, 제2 신분인 귀족, 제3 신분인 농민과 시민 계급, 이렇게 세 신분으로 나뉘어 있었어. 그중 단지 인구의 2퍼센트를 차지하는 성직자와 귀족은 많은 재산과 땅을 소유하면서도 세금 한 푼 내지 않고 높은 자리에 앉아 있었단다. 반면 프랑스 인구 대부분을 차지하는 농민은 무거운 세금을 부담하면서도 정치에 참여할 길이 없어 자신들의 어떤 권리도 주장할 수 없었어. 제3 신분에는 상인이나 변호사 같은 시민 계급도 포함되어 있었는데, 이들은 점차 불만이 쌓여 갔어. 시민들은 자유와 평등, 박애를 외치며 불공평하고 낡은 제도를 무너뜨리는 데 앞장섰지. 결국 1789년, 혁명을 일으켰어. 이 혁명으로 프랑스 시민들은 절대 왕정을 몰아내고 새로운 역사를 맞이하게 되었어.

가면과 애교점의 탄생

뽀얀 얼굴을 갈망하는 여성들에게 가장 큰 적은 무엇일까? 그건 뜨겁게 내리쬐는 태양이야. 18세기 후반 프랑스에는 양산 같은 건 없었기 때문에 가면으로 햇볕을 가렸단다. 이미 생긴 기미나 잡티, 흉터를 가리는 역할도 했지. 처음에는 가면 끈을 치아에 걸어서 얼굴에 썼다고 해. 그러다 보니 이빨이 부러지는 사고가 종종 일어났지 뭐야. 그래서 나중에 귀에 걸어서 쓰는 모양으로 바뀌었다고 해.

얼굴에 난 뾰루지나 여드름만 살짝 가리는 방법도 있었어. 주로 검은 종이나 비단을 작게 잘라서 얼굴에 붙였단다. 달과 별, 꽃 등 모양과 크기도 다양했어. 점 붙이는 일이 유행을 타면서 사람들은 점으로 얼굴에 메시지를 담기 시작했어. 점을 붙이는 위치에 따라 다른 의미를 가졌단다. 애교점은 이렇게 탄생하게 된 것이지.

환자처럼 창백한 얼굴이 미인!

"자유. 평등. 박애 만세!"

마침내 프랑스 시민들은 온 힘을 쏟아 혁명을 이루어 냈어. 혁명은 유행에도 영향을 미쳐 더 이상 여성들은 과장된 차림을 원하지 않았단다. 이젠 왕실이나 귀족들이 즐겼던 진한 화장이나 심하게 부풀린 머리 장식은 환영받지 못했지.

프랑스 대혁명 이후 화려한 복장은 사라지고 비교적 디자인이 단순하고 자연스러운 스타일이 인기를 끌었어. 마치 고대의 그리스 로마 시대를 연상시키는 복고풍 의상이었지. 그 당시 고고학의 인기가 높았던 까닭에 까마득한 과거 스타일에 더욱 호감을 보이게 되었단다.

때마침 공장이 등장하며 옷감도 쉽게 구할 수가 있게 됐어. 영국에서 일어난 산업 혁명이 프랑스까지 퍼졌거든. 사람들은 공장에서 만든 부드럽고 얇은 옷감에 반해 버렸어.

특히 혁명을 승리로 이끈 영웅 나폴레옹이 유럽을 정복하고 마침내 황제의 자리에 오르자, 그 부인 조세핀이 입었던 드레스 스타일이 사람들의 마음을 사로잡았어.

이 드레스의 특징은 목이 많이 파이고 허리선이 높아 가슴 바로 밑까지 온다는 거야. 조세핀의 하얀 드레스는 여인들 사이에서 무척 인기를 끌었어. 이 스

타일을 황제의 부인이 즐겨 입었다고 해서 '엠파이어 스타일'이라 부르기도 하고, 속옷처럼 얇은 옷이라는 의미로 '슈미즈 드레스'라 부르기도 해.

이 무렵 화장법에도 변화가 생겼어. 여성들은 아주 창백한 피부에 쓰러질 것 같은 외모를 꿈꾸었단다. 그래서 화장한 여성들 얼굴에서는 도무지 핏기를 찾아볼 수가 없었지. 백지장처럼 새하얗게 얼굴 화장을 한 뒤에는 일부러 연지를 전혀 바르지 않았기 때문이야.

황후 조세핀도 마치 환자처럼 얼굴을 꾸미곤 했어. 과거 왕실이나 귀족 여인들처럼 붉은 연지를 발라 화사하게 꾸몄던 모습은 완전히 버리고 새하얀 얼굴에 움푹 파인 눈을 강조했지. 오죽하면 남편 나폴레옹에게 이런 잔소리를 들은 적도 있었다고 해.

"조세핀, 너무 창백해 보이는구려. 이러다가 점점 시체처럼 보일까 염려되오. 제발 볼에 연지 좀 바르는 게 어떻겠소?"

하지만 조세핀은 연약하게 보이는 자기 모습에 만족했단다. 조세핀의 모습에 반한 다른 여성들도 마찬가지였어. 서늘한 날씨에도 얇은 옷만 입는 바람에 병에 걸릴 정도였지. 하지만 되도록 아파 보이고 까무러칠 정도는 되어야 여성스럽다고 여겼어. 아무 때나 기절할 수 있도록 기절 연습까지 했을 정도였다니까 말 다했지. 지금으로서는 도무지 이해할 수 없는 일이지만 당시의 유행이었다니 누가 뭘 어쩌겠어!

아름다울 수 있다면 죽음도 괜찮아!

이 시대의 여인들은 더 아파 보이기 위해 화장을 했어. 아파 보이는 여성이 남성들에게 사랑을 받을 수 있다고 생각했지. 창백한 얼굴을 만들기 위해 밀가루나 분필 가루, 납을 섞어 발랐고 심지어 피를 뽑기도 했단다. 마른 몸을 만들기 위해 레몬과 식초를 마셨고, 눈 둘레가 검게 변해도록 밤늦게까지 책을 읽는 게 유행했지. 퀭하게 보이는 눈, 핏기 없는 창백한 얼굴로 심하게 아픈 사람처럼 보이는 게 이 시대 화장의 핵심이었단다.

이런 화장이 유행한 데는 폐결핵이라는 질병이 영향을 미쳤을지도 몰라. 폐결핵과 화장이라니 좀 이해가 안 되지? 잘 들어 봐. 결핵은 다른 전염병과는 증상이 좀 달랐어. 가장 일반적인 증상은 뺨이 발그스레 달아오르고 얼굴이 창백해졌고, 피가 섞인 기침을 하면서 몸이 야위었어. 여성들은 결핵에 걸리면 기다란 목, 우수에 찬 눈빛, 장미처럼 붉은 볼, 가냘픈 몸매를 가진 미인으로 거듭날 수 있다고 여겼지.

여기에는 예술가들도 한몫했어. 결핵은 예술가의 천재성과 열정의 상징이었거든. 잔기침을 하며 창백한 얼굴로 작업에 몰두하는 모습이 천재 예술가의 초상이라 생각했지. 여성들에게 특히 인기가 높았던 낭만파 시인 바이런이 "나도 결핵에 걸리고 싶다."라고 털어놓을 정도였으니까. 이런 사회 분위기 때문에 아파 보이는 화장법이 유행했던 거란다.

 ## 검은 옷 패션과 수수한 화장을 한 빅토리아 여왕

영국은 한때 '해가 지지 않는 나라'로 불린 적이 있어. 영국이 식민지로 다스렸던 땅이 지구 곳곳에 아주 많았기 때문이었지. 유럽의 섬나라 영국이 지구 반대편의 인도 대륙까지 지배했을 정도니까. 이런 영국 역사의 황금기를 이룩했던 왕이 바로 빅토리아 여왕이란다.

영국 왕실은 유럽의 다른 나라와 달리 유독 여왕이 많았어. 물론 다른 나라도 여왕이 왕위에 오르는 경우가 없었던 건 아니지만 왕권이 강하지 못하고 나라가 번성하진 못했지. 그러나 영국은 앞서 말한 엘리자베스 1세와 빅토리아 여왕 때 영국 최고의 전성기를 누렸지.

두 여왕은 모두 영국을 부흥으로 이끌었지만 성격이나 행동거지, 삶의 행적은 완전히 정반대야. 엘리자베스 1세 여왕은 평생 결혼하지 않고 독신으로 살면서 외모를 꾸미는 데 관심이 많았어. 얼굴 화장을 진하게 했을 뿐 아니라 보석이 주렁주렁 달린 휘황찬란한 옷차림을 즐겼지.

빅토리아 여왕 초상화

　이와 달리 빅토리아 여왕은 화장을 거의 하지 않는 수수한 모습이었어. 옷차림도 다른 여왕에 비해 검소했지. 앨버트 공과 결혼을 한 뒤 둘 사이에 금슬이 좋아 자녀도 아홉 명이나 낳았어.

　훗날 남편 앨버트 공이 갑작스레 병으로 세상을 떠나자 여왕은 더욱 화려한 옷을 멀리 했어. 원래도 다른 여왕에 비해 소박한 편이었지만 남편이 떠난 뒤로는 더욱 검은색 옷만 즐겨 입었다고 해. 여왕은 남편을 그리워하고 애도하는 마음에서 그랬을 테지만 이후로 유행을 쫓는 사람들은 여왕을 따라 검은색 옷을 즐기게 되었지.

이처럼 빅토리아 여왕의 패션은 이전의 왕실이나 귀족들과 차이가 많았어. 번쩍번쩍 화려하게 꾸미기보다는 단아한 모습으로 사람들의 관심과 눈길을 끌었지. 얼굴 화장도 거의 티가 나지 않을 만큼 은은하게 했단다.

여왕의 영향을 받아서 빅토리아 시대 여성들도 거의 화장을 하지 않았어. 하더라도 눈 화장도 볼연지도 눈치 못 챌 정도로 연하게 발랐지. 머리 모양도 커다랗게 부풀리거나 가발을 쓰지 않고 자연스럽게 꾸몄단다. 다만 생기 있어 보이게 하려고 간혹 볼을 살짝 꼬집거나 입술을 무는 행동을 하는 사람도 있었대.

당시 사람들 사이에서 화장을 거의 하지 않는 게 너무나 유행이었던지 진하고 두껍게 화장한 사람을 보면 이렇게 손가락질까지 했다고 해.

"덕지덕지 화장한 꼴 좀 봐. 저러다 피부 다 망가질걸. 쯧쯧. 자연스러운 얼굴이 최고야!"

당시에 화려하고 진하게 화장해도 비난받지 않는 사람은 무대에 오르는 배우처럼 특별한 경우밖에 없었지. 대부분의 사람들은 자연스럽게 꾸미는 경우가 더 많았단다.

유행에 영향을 준 영국의 혁명들

영국 빅토리아 시대의 은은한 화장과 간소한 옷차림은 프랑스에서 대혁명 이후 바뀐 유행 문화와 비슷해. 영국도 프랑스처럼 큰 사건을 겪었던 걸까?

영국의 혁명, 그것이 알고 싶다!

영국에도 시민 혁명이 있었나?

영국에서도 프랑스처럼 시민 혁명이 일어났어. 1649년에 일어난 청교도 혁명과 1688년에 일어난 명예 혁명 두 가지를 묶어 영국의 시민 혁명이라고 불러.

왜 시민 혁명이 일어난 거야?

국왕 제임스 1세와 그의 아들 찰스 1세는 의회를 무시하고 청교도인들을 탄압하다가 새롭게 등장한 세력인 청교도들에게 처형을 당했단다. 이를 청교도 혁명이라 불러. 청교도는 부패했던 가톨릭에 맞서 교회 개혁을 일으켰던 개신교도를 말해. 그들은 성실하고 검소한 생활을 교리로 삼고 생활했어.

청교도 혁명 성공으로 정치가 잘 이루어졌어?

청교도 혁명에서 공을 세운 정치가이자 군인, 크롬웰은 국왕 대신 나라를 이끌었어. 하지만 독재 정치를 펼쳐 국민들 미움을 샀단다. 나중에 병을 얻어 죽고 말았지.

청교도 혁명의 중심에 있던 올리버 크롬웰

크롬웰이 사라지자 영국은 어떻게 됐어?

 크롬웰이 죽고 나자 의회는 찰스 2세를 왕으로 세웠고, 동생 제임스 2세가 뒤를 이었지. 그러나 가톨릭교도였던 제임스 2세는 자신을 반대하는 사람들을 감옥에 가두고 의회를 무시했어. 또다시 영국의 정치는 엉망이 되었어.

 아, 그래서 다시 혁명이 필요했구나!

 의회는 새로운 왕을 다시 찾아야만 했어. 그 틈에 제임스 2세는 프랑스로 도망쳐 버렸단다. 피 한 방울 안 흘리고 혁명이 이루어진 거지. 이게 바로 명예 혁명이야!

두 번의 혁명을 가치면서 영국 사람들은 과거에 화려하고 사치스러웠던 생활과는 멀어지고 자연스럽고 소박한 모습으로 변하게 됐지. 그러다 보니 화장을 멀리하고 향수 정도만 사용하게 된 거란다.

20세기가 시작되면서 화장 문화를 이끌었던 여왕과 공주의 시대는 저물었어.
그 자리를 발레리나와 배우, 팝 가수 등 대중 스타들이 대신하게 되었단다.
이 시기에 놀랄 만한 변화는 공장에서 화장품이 쏟아져 나온 거야.
과거에 화장품은 주로 상류층이 쓰는 귀한 물건이었지만
이젠 누구나 쉽게 화장품을 구할 수 있게 되었지.
20세기 새로운 세상이 열리면서 떠오른 인기 스타들이
어떤 화장술과 패션으로 대중의 마음을 사로잡았는지 알아볼까?

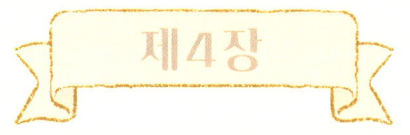

화장으로 세상을 칠하다

화장품의 꽃, 립스틱의 탄생

다들 어릴 때 엄마 립스틱을 몰래 발라 본 경험이 한 번씩은 있을 거야. 여기저기 엉망진창으로 칠하거나 부러뜨려 혼나 본 적도 있지? 지금은 기다란 모양의 립스틱이 너무나 자연스럽고 당연하지만 막대 모양의 립스틱 역사는 그리 길지 않단다. 기껏해야 1백 년이 조금 넘었을 뿐이거든.

19세기 후반으로 들어서면서 화장품은 풍족해지기 시작했어. 화장품이 더 이상 상류층들만 사용하는 귀한 물품이 아니었지. 섬유 쪽에서 시작된 산업 혁명은 화학 분야에서도 엄청난 발전을 이루었어. 피부에 위험한 납을 사용하지 않고 훨씬 안전한 재료들로 화장품을 만들게 됐단다.

비로소 화장품 분야에도 대중화 시대가 열리기 시작한 거야. 과거에는 왕실이나 귀족들이 자신의 권력과 화려함을 뽐내기 위해 값비싼 화장품을 썼잖아. 이제는 일반 대중들도 얼마든지 멋을 내고 자신을 꾸밀 수 있는 새로운 시대가 열리게 된 거지.

화장품의 혁명이 시작되었다고 해도 과언이 아니야. 다양한 화장품 브랜드가 생겨나고 공장에서 화장품을 대량으로 생산해 냈어. 종류와 생산량이 많아지니까 회사들은 제품을 더 많이 팔기 위해서는 소비자의 마음을 사로잡아야 했지. 눈길을 끄는 화려한 포장과 현란한 광고가 넘쳐 났고, 포장과 광고로 무장한 화장품들은 여성들의 마음을 움직였어. 이때 가장 획기적인 사건은 바로 립스틱의 탄생이란다.

그 전에는 립스틱이 없었냐고? 당연히 없었지. 고대 이집트에서 악어똥으로 만든 화장품으로 입술을 칠했다고 했잖아? 하지만 이건 우리가 흔히 알고 있는 기다란 모양의 립스틱이 아니야. 작은 통 같은 데 담아 놓았다가 사용한 거지. 이후의 입술 화장도 마찬가지야. 볼연지나 화장품 크림으로 입술을 칠했거든. 립스틱이 등장하기 전까지는 입술 화장은 불편하고 성가신 일이었단다.

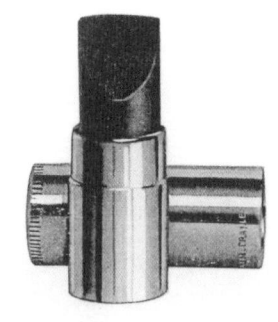

겔랑에서 만든 막대형 립스틱

하지만 립스틱이 등장하면서 달라졌어. 아주 간편해졌거든. 립스틱(lipstick)은 말 그대로 lip(입술)과 stick(막대기 모양)이 합쳐진 말이야. 입술에 바르기 편하게 소시지처럼 기다란 모양으로 디자인된 화장품이지.

이런 디자인의 립스틱은 1871년 프랑스 화장품 기업인 겔랑이라는 브랜드에서 처음 만들었어. 둥글고 길쭉한 용기에 붉은빛 화장품을 넣고, 위로 밀어 올려 사용하는 방식이었지. 다 쓰면 용기에 내용물을 다시 넣을 수도 있어서 크게 인기를 끌었단다. 이 립스틱 이름은 '나를 잊지 마세요'라는 뜻을 담은 '느무블리에빠'였어. 지금 봐도 꽤 멋진 이름이야.

이 립스틱은 프랑스에서 첫선을 보인 이후 유럽뿐 아니라 미국에서도 엄청난 인기를 보여 줬어. 20세기에 들어서자마자 여러 나라 다양한 화장품 회사들은 기다란 모양 립스틱을 앞다퉈 만들게 되었단다.

루주일까? 립스틱일까?

할머니뻘 되는 분들은 립스틱을 '루주'라고 부르는 분들도 있어. 루주? 립스틱? 조금 헷갈리기도 할 거야. 그렇다면 왜 립스틱 대신 루주라고 불렀던 걸까? 루주는 프랑스어 루주(rouge)에서 나온 말로 '붉은'이라는 뜻이야. 원래 루주는 붉은 색조 화장품으로, 입술과 볼에 바르던

오늘날에도 여러 형태로 생산되고 있는 립스틱

볼연지 비슷한 화장품이야. 립스틱처럼 막대 모양이 아니라 펴서 바르는 방식이지. 한국에 처음으로 수입된 입술 화장품은 립스틱이 아니라 루주 형태였단다. 1910년대부터 '구찌베니'라고 하는 루주가 판매되기 시작했어. 그때부터 사람들은 '루주를 바른다'는 말에 익숙해졌지. 그래서 '루주'가 입술 화장품을 부르는 명칭으로 사용된 거야. 하지만 요즘은 루주 대신 립스틱이란 말을 더 자주 사용한단다.

립스틱은 뭘로 만들었나?

20세기 초에 공개된 한 립스틱 제품의 재료를 보면 붕산, 카민, 파라핀유, 장미 기름, 각종 향신료 등이야. 재료의 이름이 좀 낯설지? 붕산은 살균 작용을 해서 소독약이나 방부제 등으로 쓰며 립스틱의 광택 효과를 높이는 역할을 해. 카민은 사막의 선인장에 사는 곤충인 깍지벌레의 암컷에서 뽑아낸 물질이야. 립스틱의 붉은색은 카민의 색소 성분에서 나온 거란다. 파라핀유는 석유에서 뽑아낸 물질로, 희고 냄새가 없기 때문에 연고나 화장품 재료로 많이 쓴단다.

 **공주보다 발레리나**

"와, 저 발레리나 화장 정말 예쁘지 않아?"

"나도 따라 해 볼래!"

1900년대 초반부터 유행의 시작은 무대 위 스타들을 보면서 옷차림이나 머리 모양, 화장법 등을 모방하는 것이었어. 과거 여인들이 부러워하며 유행을 쫓던 대상은 여왕이나 왕비, 공주처럼 권력의 중심에 있던 사람들이었어. 그러나 20세기에 들어서면서 여성들의 관심은 왕실이나 귀부인이 아니라 무대에 서는 배우와 무용수에게로 옮겨 가게 됐단다.

이런 분위기는 급변한 정치와 경제 때문에 만들어지기도 했어. 시민 혁명을 통해 신분 해방을 이룬 덕분에 모든 사람은 자유롭고 평등하게 살아야 한다는 인식이 생겼고, 산업 혁명을 통해 작업과 생산 방식, 소비 등 경제적으로 커다란 변화가 생겼지.

이런 변화 뒤에 자연스럽게 여성들에 대한 사회적인 인식이 달라지기 시작했어. 이전에는 대부분의 여성이 사회로 진출하기보다는 집안일을 하는 게 당연하다고 여겼고, 사회적 일원으로서 존중받지 못했어. 하지만 산업 혁명 뒤에 회사와 공장들이 늘어나면서 일손이 부족해지자, 여성들이 집밖으로 나와 직업을 얻고 직장 생활을 할 차례가 된 거야.

사회생활을 하다 보니 여성들의 생각에도 변화가 생겼어. 주체적으로 내 앞날을 결정하고 나를 꾸미를 일에 더 당당해졌지. 이런 사회적 분위기를 읽은 건지 때맞춰 화장품 회사들은 다양한 화장품 제품을 내놓았고, 보통의 여성들도 화장품을 쉽게 구할 수 있게 되었어. 더 이상 화장품은 상류층의 사치품이 아니었어.

그런데 문제는 어떤 화장품으로 어떻게 멋을 내느냐 하는 거였어. 아무렇게나 화장품을 바를 수는 없었으니까. 일반 여성들이 따라 하기 좋을 만한 본보기가 필요했지. 마침 눈길을 끌었던 대상은 무대에 서는 여성들이었어. 배우나 무용수들의 화려한 모습은 여성들 마음을 사로잡기에 충분했지.

당시 대단한 인기를 끌었던 스타 중에 '안나 파블로바'라는 러시아 발레리나가 있었어. 그녀는 무대 위에서 입술을 붉게 칠하고 속눈썹을 힘껏 말아 올렸어. 눈썹은 매우 검게 칠했지. 특히 눈이 옆으로 길어 보이게 하는 아이라인이 독특해 보였어. 무대에 서는 여인들의 화장은 진하고 화려해. 멀리 앉아 있는 관객까지 잘 보이게 하려면 그런 화장이 필요했거든.

그동안은 몰랐던 새로운 화장법에 사람들은 열광했어. 자연스럽게 꾸미는 화장법이 유행을 주도하다가 강렬한 인상을 풍기는 화장으로 새로운 바람이 일어난 거야.

이 시기에 등장해서 특히 주목받았던 상품이 바로 인조 속눈썹이었어. 어떤 배우는 무려 2인치(약 5센치미터)나 되는 긴 인조 속눈썹을 붙인 적도 있대. 2인치면 손가락 하나 길이쯤 되니까 얼마나 길었을지 상상이 될 거야.

러시아 발레단이 얼마나 인기가 있었던지 공연할 때면 갑자기 마스카라와 아이섀도 등 눈 화장품 판매가 늘어났어. 평소엔 무대에 서는 사람들만 붙이던

인조 속눈썹까지 판매량이 쭉 올라갔지. 오늘날에도 화장할 때 인조 속눈썹을 붙이는 경우가 많은데 바로 1900년대 초기 발레리나 화장에서 유행이 시작되었던 거란다.

유행의 선도자, 안나 파블로바

"신은 재능을 주시고, 노력은 그 재능을 천재로 만든다!"

이 말은 바로 발레리나 안나 파블로바가 한 말이야. 그녀는 수많은 노력 끝에 정상에 오른 발레리나로 유명해. 20세기 초부터 안나 파블로바는 러시아 황실 발레단 일원으로서 세계를 다니면서 공연 경험을 쌓았어. 그리고 발레단에서 독립해 그녀는 자유롭게 세계 곳곳을 돌아다니며 마음껏 공연을 펼쳤단다. 그녀는 다양한 관객들과 만나 교감하면서 발레의 아름다움을 세상에 알렸지. 그녀의 몸짓 하나하나와 꾸밈새는 가는 곳마다 화제를 몰고 다녔어. 전 세계 수많은 여성이

발레리나 안나 파블로바의 모습

그녀의 화장법을 따라 했지. 안나 파블로바는 세계 무용 발전에 큰 발자취를 남겼으며, 지금도 세계 발레 역사에서 위대한 발레리나로 평가받고 있단다.

 ## 전쟁이 불러온 옅은 화장과 단발머리

1914년 시작된 제1차 세계 대전은 4년 동안이나 세상을 전쟁의 소용돌이 속으로 빠뜨렸어. 사람들은 전쟁 속에서 하루하루 생존하는 게 가장 큰일이었어. 전투를 벌이다 죽는 사람도 많았지만 전쟁으로 경제가 바닥나서 굶어 죽는 사람도 무척 많았어. 화장을 하고 꾸미는 일은 상상도 할 수 없는 생활의 연속이었지.

남편이 전쟁터에 간 집안의 경우에는 여성이 나가 돈을 벌어야 했어. 가족을 먹여 살리기 위해 점점 더 많은 여성이 직업을 구하고 일을 했지. 무기를 만드는 군수품 공장에서도 일하기도 하고, 종군 간호사가 되어 직접 전쟁터로 달려가기도 했어.

당시 사회 분위기가 이렇다 보니, 짙은 화장을 한 여성은 행실이 부도덕하다고 오해받기 십상이었어. 여성들은 티가 거의 안 나게 입술에 살짝 립스틱만 바르거나 눈꺼풀 위에 반짝이는 바셀린을 조금 바르는 게 전부였어.

공장에서 일할 때는 화장뿐 아니라 긴 머리칼도 방해가 됐어. 머리를 빗고 꾸미는 데 시간이 낭비되고, 자칫 기계에 긴 머리카락이 걸려 들어가면 사고 날 위험도 높았거든. 그래서 이때 처음으로 등장한 여성의 머리 모양이 있어. 바로 '단발머리'야. 이제는 너무 흔한 머리 모양이 되었지만 당시로선 아주 파격적이었지. 단발이 유행을 하자 한발 더 나아가 남성과 똑같이 아주 짧은 키트 머리를 하는 여성들까지 생겨났단다.

이처럼 여성들이 편리한 차림으로 일하기 위해 자른 머리 모양을 '보브 스타일'이라고 불렀어. 보브란 영어로 컷(cut)의 의미, 즉 '자른다'는 뜻이야. 짧게 자른 머리 스타일이란 뜻이지. 길게 늘어뜨린 머리가 여성스러운 아름다움을 상징하고 있었기 때문에 오랜 전통을 지키려는 사람들에게 온갖 비난과 조롱을

받기도 했어. 머리 모양 하나가 이렇게 사회적으로 논란이 된다니 지금으로선 상상하기 힘든 일이야.

하지만 이에 굴하지 않고 사회 활동에 적극적인 여성들은 과감하게 머리를 잘랐어. 패션 잡지나 신문에서도 적극적으로 보브 스타일을 소개하자 사람들 생각도 점차 변했어. 과거의 여성들처럼 화려하고 우아한 차림이 아니라 단순하면서도 깔끔하고 실용적인 아름다움을 추구하는 쪽으로 유행이 바뀌어 간 거지.

전쟁은 참혹했지만 다른 한편으론 여성들의 삶에 큰 변화를 가져오는 계기가 되었어. 여성스러움만 강조하던 지난 시절의 관습에서 벗어나 스스로 사회적 지위를 높이고, 주도적으로 삶을 이끌어 가는 여성들이 늘어났지. 간소한 화장과 머리 모양은 이런 시대적 움직임의 결과물로 생겨난 거란다.

 화장품의 변신은 무죄

1920년대를 넘어서면서 전쟁 때문에 움츠러들었던 문화와 예술이 다시 활기를 되찾기 시작했어. 사회 분위기가 한층 젊고 밝아졌지. 특히 여성들 삶에도 큰 변화가 찾아왔어. 여성 참정권 운동이 비로소 결실을 맺게 되었단다.

참정권이란 투표에 참여할 수 있는 권리를 말해. 그동안 여성들은 정치적으로 큰 차별을 받았어. 투표는 남성들만 참여할 수 있었고 여성들은 아예 투표권이 없었거든. 이런 부당한 차별에 맞서 여성들도 정치에 참여할 권리를 달라고 목소리를 높이기 시작한 건 19세기부터야. 여성들은 끊임없이 노력했어.

이런 노력에 힘입어 20세기 문턱에 들어서면서 여성의 참정권을 인정하는 나라가 하나둘 생겨났어. 그러다가 제1차 세계 대전을 겪으며 폭발적으로 늘어났지. 덕분에 대다수의 나라에서 여성들은 투표권을 가지게 되었어. 여성들의 사회 활동과 정치 참여를 국가에서 비로소 인정하기 시작한 거야.

이런 자신감은 외모로도 나타났어. 여성들은 화장으로 자신을 과감하게 표현하기 시작했어. 선명하게 입술 선을 살리고 입술을 붉게 칠했고 눈 주위는 눈매를 강조하기 위해 또렷하고 진하게 그렸어. 피부는 아주 뽀얗게 표현했지. 주변 참견에서 벗어나 내 멋대로 자신을 연출하기 시작했어.

이 무렵 화장법에서 두드러진 특징은 입술 화장이야. 어두운 빨간색, 이른바

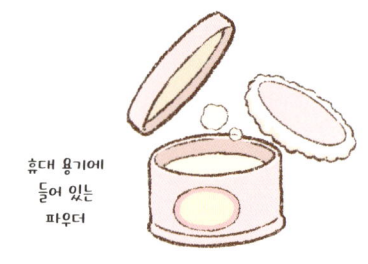
휴대 용기에 들어 있는 파우더

여러 화장품이 들어 있는 콤팩트

도금한 그물망이 달린 콤팩트

'다크레드 색상' 립스틱이 큰 인기를 끌었거든. 때마침 새롭게 선보인 립스틱 케이스 디자인도 판매를 올리는 데 큰 역할을 했지.

"이 립스틱 좀 보세요. 이렇게 돌리기만 하면 립스틱이 용기 속에서 올라온다고요. 정말 편리해요."

지금은 립스틱의 아랫부분을 돌려서 사용하는 디자인이 아주 흔해. 하지만 그 당시로선 아주 혁신적인 디자인이었어.

립스틱과 더불어 편리하게 들고 다니는 휴대용 화장품들도 속속 나왔어. 특히 거울과 파우더, 퍼프, 루주가 함께 들어 있는 제품은 화장품 하나로 얼굴 화장을 모두 해결할 수 있어서 무척 인기가 많았어. 게다가 번쩍번쩍 금도금으로 장식돼 있어 모두가 탐낼 만했단다.

이제 여성들은 밖에 나와서도 사람들 앞에서 화장을 고치는 일이 아무렇지도 않게 돼 버렸어. 오히려 세련된 여성이라는 인상을 주었지.

"어머, 이 콤팩트 드디어 샀네!"

"잠깐 여기서 화장 좀 고치자. 호호."

화장을 수시로 고치다 보니 파우더가 드레스나 겉옷에 묻어나는 일이 흔했지만 크게 개의치 않았단다. 왜냐면 이런 화장품을 사용하는 건 유행의 중심에 있다는 뜻이었으니까!

　1920년대 즈음, 멋쟁이 젊은 여성들은 옷과 화장품을 사는 데 많은 돈을 지출했어. 그만큼 꾸미는 데 관심이 많았기 때문이지. 나이 든 여성들도 다르지 않았어. 좀 더 젊어 보이는 화장품을 찾기 시작했지. 화장품 회사들은 주름을 없애고 피부를 젊게 만드는 크림을 서둘러 시장에 내놓았지.

　화장품 회사들은 다양한 연령대의 여성들의 관심을 분석해서 수사로 변하는 유행에 맞춰 서둘러 다양한 신제품을 개발하기 시작했어. 이제 어떤 한 사람을 모델로 삼기보다 더 많은 사람의 욕구를 파악하고 그걸 기준으로 삼는 방식으로 변화한 거야.

미인 선발 대회와 여성 상품화

1930년대 미스 유니버스 대회

20세기 무렵 여성들을 무대에 올려놓고 심사하는 미인 대회가 열리기 시작했어. 아름다운 외모뿐 아니라 풍부한 지성을 동시에 갖춘 미인을 뽑는다는 게 명분이었지. 산업화 시대의 중심 국가로 우뚝 선 미국에서도 1921년 최초로 미스 아메리카 선발 대회가 열리면서 전 세계에 미인 대회라는 새로운 유행이 만들어졌어. 이것이 점점 발전해 각국의 미인들이 모여서 경연을 펼치는 미스 유니버스, 미스 월드 같은 세계 대회도 생겨났단다. 이런 현상은 자연스레 화장과 패션 분야에도 영향을 끼쳤어. 물론 오늘날에는 미인 대회가 여성을 상품화시키고 있다는 비판에 힘이 실리면서 사라지고 있단다.

할리우드 영화 속 주인공처럼

　미국은 제1차 세계 대전에 참전하면서 세계를 움직이는 중심 국가로 떠올랐어. 전쟁 중에 미국은 경제적으로 커다란 이득을 봤지. 전쟁에 필요한 무기와 물품들을 팔아서 돈을 크게 벌었거든.

　전쟁이 끝난 뒤, 미국의 경제를 뒷받침해 주던 무기 공장이 가동을 멈추었어. 다른 공장들도 줄줄이 문을 닫았지. 미국 경제는 대공황에 빠졌어. '경제 대공황'은 경제가 심각한 불균형으로 인해 혼란에 빠진 상태야. 생산과 소비의 균형이 깨지고 은행과 기업이 파산하고 수많은 사람이 일자리를 잃게 되었지. 1929년에 미국에서 시작된 대공황은 독일과 영국, 프랑스 등 유럽으로 번져 나갔어. 급기야 1930년대 전 세계를 혼란에 빠트렸단다.

　경제가 어려워지자 여기저기서 불만이 터져 나왔어. 그런데 엉뚱하게도 그 불똥이 여성들에게 튀었지.

　"가뜩이나 일자리가 부족한데 여성들이 왜 일하러 다니는 거야. 모름지기 여성들은 우아한 모습으로 집안일에 집중해야 해. 직장보다는 가정이 우선이니 집으로 돌아가!"

　놀랍게도 이런 사회 현상은 여성들의 유행을 바꾸어 놓았어. 일하기에 편한 짧고 단정한 머리는 자취를 감추고 굽슬굽슬 물결치는 듯한 머리 모양이 유행

했어. 사람들은 여성스러움이 강조되면서 뭔가 신비롭고 우아한 느낌을 주는 화장을 선호하게 되었지.

당시 새롭게 유행을 이끌어 갔던 건 할리우드 영화였어. 대공황 시대에는 모두가 우울했지. 너나 할 것 없이 경제적으로 쪼들리고 힘든 생활을 이어 나갔으니까. 이런 어려움 속에서 숨통을 틔워 준 게 바로 미국의 할리우드 영화였단다. 사람들은 현실에서 겪는 괴로움을 화려한 영화 속 세상에서 조금이나마

잊을 수 있었어. 영화의 인기가 치솟으면서 유행의 중심지가 유럽에서 미국 할리우드로 자연스레 이동하게 되었지.

영화를 본 사람들은 너도나도 영화배우의 화장이나 옷차림을 따라 하고 싶어 했어. 가장 관심을 끈 것은 얼굴 화장이야. 특히 눈썹 모양이 눈길을 끌었지. 영화 속 아름다운 주인공은 눈썹을 활처럼 구부러진 모양으로 가늘게 그렸어. 이 작업을 하는 데는 시간이 꽤 걸렸다고 해. 눈썹을 한 올 한 올 뽑고 눈썹 연필로 공들여 그려야 했으니까.

눈 화장은 인조 속눈썹을 붙여 진한 눈매를 강조하는 방식이 유행했고, 입술은 반들반들 윤기가 나도록 큼지막하게 그렸어. 빨간 립스틱에 맞추어 빨간 매니큐어를 함께 바르면 아주 완벽한 멋쟁이로 변신할 수 있었지.

머리 색깔은 아주 밝은 금발이 인기였어. 전쟁을 겪는 시기만 해도 머리 염색을 바라보는 시선이 곱지 않아서 아무나 쉽게 도전하지 못했어. 하지만 영화 주인공들이 밝은 금발 머리를 하고 나타나자 모두들 거리낌 없이 탈색과 염색에 도전했지.

영화 속 여주인공이 했던 화장법이 주목을 받으면서 여주인공이 사용한 화장품은 그대로 백화점에 진열되었어. 힘들었던 대공황 시기였음에도 불구하고 영화 산업과 화장품 회사, 대중들은 서로 영향을 주고받으면서 화장 문화의 한 장을 채워 나가고 있었단다.

 ## 얼굴 화장만큼 다리 화장도 중요해!

한때 여성들은 다리에 화장한 적도 있었어. 이게 말이 되냐고? 사실이야. 입술에 립스틱을 바르는 것만큼 다리 화장이 중요했던 시절이 있었어. 이유는 전쟁 때문이었지.

1939년 세계는 다시 한 번 전쟁으로 들썩이게 돼. 제2차 세계 대전이 일어난 거야. 앞서 제1차 세계 큰 대전 때보다 훨씬 규모가 크고 끔찍한 전쟁이었지. 인류 역사상 최악의 전쟁으로 인해 전 세계 사람들은 큰 고통과 시련을 겪어야 했어. 당연히 화장 등 미용 분야도 영향을 받을 수밖에 없었어. 다리 화장은 그 와중에 생겨난 아주 특이한 현상이었지.

전쟁 동안 여성들이 멋 부리는 일은 사치 그 자체였어. 옷감을 넉넉히 사용할 수도 없었지. 대부분 옷감은 전쟁을 위한 물품으로 쓰였거든. 여성들은 화려한 드레스보다 활동하기 좋은 짧은 치마를 입게 되었고, 군복을 닮은 밀리터리 룩이 인기를 끌기도 했어.

당시 스타킹은 여성들의 필수품이었는데 전쟁이 계속되면서 스타킹을 구하는 일은 하늘의 별 따기만큼 어려웠어. 스타킹의 원료인 나일론과 실크가 낙하산을 만들기 위한 물자로 사용되었기 때문이야. 치마는 점점 짧아지는데 스타킹을 살 수 없으니 여성들은 맨다리로 다녀야 하는 처지가 됐지.

"맨다리로 다니는 건 민망해. 다리도 안 예뻐 보여. 좋은 방법이 없을까?"

"그래. 다리에 스타킹을 그리는 거야. 그러면 스타킹을 신은 것처럼 보일 테니까!"

여성들은 맨다리에 스타킹을 직접 그리기 시작했어. 오늘날 스타킹은 이음새 없이 매끈한 디자인이지만 그 당시 스타킹에는 이음새, 즉 솔기가 있었어. 솔기선을 일자로 쭉 긋는 건 쉽지 않았어. 혼자서 다리에 색을 골고루 칠하기도 어려웠지.

그러자 다리 화장을 전문적으로 해 주는 곳이 등장했어. 직장 다니는 여성들은 '뷰티 살롱'에 가서 다리 화장을 했어. 먼저 맨다리를 면도한 다음 갈색 화장품을 바르고 눈썹연필로 이음새를 그려 주었단다. 화장은 이렇게 사회 분위기의 변화에 민감하게 반응했어. 그렇게 빠르게 진화하면서 새롭고 다양한 스타일이 등장할 수 있었어.

화장품이 전쟁 도구가 되다?

제2차 세계 대전 시기에 화장에 관한 놀라운 사실이 하나 있어. 전쟁 중에 미국 정부가 화장품을 연구했다는 거야. 대체 전쟁과 화장 사이에 무슨 관계가 있냐고? 전쟁에 사용될 위장용 화장품을 개발한 것이지. 전투 중에는 적군을 속이기 위해 변장할 필요가 있었어. 그래서 침투 작전 시에는 눈에 띄지 않도록 위장 크림을 발랐지. 위장 크림은 장소와 환경에 따라 다양한 색깔이 필요했어. 정글에서 전투를  치르느냐, 사막에서 작전을 펼치느냐에 따라 화장품의 색깔이 달랐거든. 화장품을 활용한 위장술은 아주 뛰어나서 마치 성형 수술을 한 것처럼 감쪽같았단다.

유행을 이끈 인기 스타들의 대결

제2차 세계 대전이 끝나고 전 세계는 냉전 체제로 얼어붙기 시작했어. 전 세계는 이제 미국을 중심으로 한 자본주의 세력과 소련을 축으로 한 사회주의 세력으로 나뉘어졌어. 이런 적대적 대립은 경쟁을 불러왔고, 이 경쟁의 물살을 타고 과학과 기술이 급격하게 발달했어.

특히 제2차 세계 대전의 승리국이 된 미국의 경제 발전과 성장이 눈부셨어. 신용카드 제도가 처음 도입되면서 소비가 활성화되고 사람들의 생활은 풍요로웠어. 가정용 전자 제품과 자동차 산업은 역사상 가장 큰 호황을 누렸지. 텔레비전이 집집마다 널리 보급되면서 텔레비전을 통한 광고가 대중에게 큰 영향을 미치게 되었단다.

대중 매체에서 등장한 유명 스타들을 본 사람들은 열광했어. 할리우드 영화는 미국뿐 아니라 전 세계적으로 큰 인기를 끌었지. 영화배우, 가수 등 스타들이 유행에 미치는 영향은 엄청났어. 인기 스타를 우상처럼 여기면서 따라 하는 사람들이 무척 많았거든.

1950년대는 배우들의 전성기라 할 만큼 전설이 되어 버린 스타가 무척 많아. 지적이면서도 사춘기 소녀 같은 청순한 이미지의 오드리 헵번. 요염한 매력을 뽐낸 마릴린 먼로를 비롯하여 이국적이면서도 여성적인 분위기를 물씬

풍기던 엘리자베스 테일러 같은 배우가 대표적이야. 이들은 당시 여성들에게 선망의 대상이었기 때문에 패션이나 화장의 역사에도 큰 영향을 끼쳤어.

그중에서도 영화 〈로마의 휴일〉의 주인공 오드리 헵번의 강렬한 눈 화장과 눈썹 모양은 그야말로 대유행이었어. 여성들은 너도나도 따라 하기 바빴어. 최고의 스타 마릴린 먼로의 윤기 있는 입술도 마찬가지였지. 그만큼 두 배우의 인기는 굉장했어.

그때는 화장품을 듬뿍듬뿍 사용해 얼굴을 꾸미는 게 대세였던 모양이야. 얼굴에 파운데이션을 두껍게 발랐고, 눈에는 인조 속눈썹을 붙이고 아이라인을 아주 진하게 그렸지. 입술은 도톰해 보이도록 과장해서 칠했단다. 그러다 보니 화장한 모습과 지운 모습은 차이가 클 수밖에 없었지.

그러다 1950년대 후반으로 가면서 과장되고 두꺼운 화장을 하던 배우들 모습이 조금씩 달라졌어. 자연스러운 내 모습을 찾으려는 시도가 시작된 거지. 이런 움직임은 1960년대 새로운 화장 문화의 탄생으로 이어졌어.

헵번 스타일 vs 먼로 스타일

<로마의 휴일>의 오드리 헵번

당시의 인기 스타 가운데 가장 선풍적인 인기를 끈 두 배우가 있어. 영원한 세기의 연인으로 불리는 오드리 헵번과 마릴린 먼로야. 오드리 헵번은 영화 <로마의 휴일>에 출연하면서 머리를 짧게 자르고 눈썹 화장을 짙게 했어. 이것이 전 세계적으로 크게 유행하여 '헵번 스타일'이라는 말이 생겨났을 정도야.

이에 반해 마릴린 먼로는 오드리 헵번과는 또 다른 여성미를 한껏 발산했어. 영화 <7년 만의 외출>에서 지하철 환풍구 바람에 휘날리는 치마를 다급히 부여잡는 마릴린 먼로의 모습은 오늘날에도 강렬한 이미지로 남아 온갖 광고나 예술 작품으로 모방되고 있단다.

10대들의 화장은 언제부터?

1950년대 미국에서는 이미 열네 살 정도의 어린 여자아이들이 립스틱을 바르거나 손톱에 매니큐어를 바르는 일이 많았대. 하지만 10대들의 화장은 어른들보다 훨씬 가벼웠어. 눈썹연필과 립스틱은 연한 것으로 골라 부드럽게 그렸지. 10대들을 위한 화장품 시장이 크게 꿈틀거리자 화장품 회사들은 앞다투어 다양한 화장품을 내놓았어. 이 흐름은 1960년대로 이어져 10대들을 겨냥한 페인트 박스까지 등장했어. 이 박스는 화장 도구와 화장품을 넣고 예쁜 장식으로 꾸며져 있어 인기를 끌기 충분했단다.

내게 어울리든 말든, 피부가 상하든 말든 유행을 따랐던
화장 문화에 변화가 찾아왔어.
여성들은 피부 건강에 관심을 갖기 시작했고,
어떤 화장법이 내게 어울리는지 질문을 던졌단다.
때로는 화장이 화려한 예술로 등장하고,
거칠게 화장한 모습으로 사회에 대한 불만을 표현하기도 했지.
과거에는 화장하는 방식이 비슷했다면,
점점 화장법이 다양해지고 있으며
개인 맞춤형 화장 시대로 바뀌어 갔어.

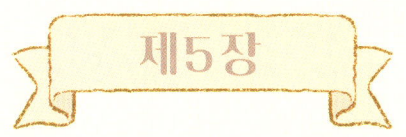

이 세상 주인공은 나

 **소녀처럼 맑고 투명한 피부를 원해!**

　대중 매체를 통해 '동안'이라는 단어 많이 들어 봤을 거야. 어린아이의 얼굴을 뜻하는 말이지. 요즘은 나이에 비해 훨씬 어려 보이는 얼굴을 일컫는 말로 쓰여. 요즘 사람들은 '예쁘다'는 말보다 '어려 보인다'는 말을 더 좋아할 정도로 동안을 부러워하지.

　1960년대도 동안이 인기를 끈 적이 있어. 사람들은 어린아이 같은 맑은 얼굴을 만들기 위해 무척 세심하게 공들여 화장했단다. 할리우드 배우처럼 두껍게 화장했던 지난 시절과 비교해 보면 굉장히 놀랄 만한 변화였지.

　이런 변화를 이끌어 낸 주인공은 메리 퀀트라는 영국의 디자이너야. 메리 퀀트는 당시 패션 문화에 혁명적 사건을 일으킨 인물이지. 미니스커트를 유행시킨 장본인이거든.

　1950년대까지만 해도 여성들은 무릎 아래까지 길게 내려오는 치마를 입었어. 무릎 위로 허벅지가 훤히 보이는 치마는 상상할 수도 없었지. 이런 사회 분위기 속에서 메리 퀀트는 긴 치마를 싹둑 잘라 치맛단이 무릎 위로 한 뼘쯤 올라가는 미니스커트를 선보였어.

　당시로선 세상을 깜짝 놀라게 할 만한 충격적인 사건이었지. 미니스커트는 멋쟁이 여성들의 환호를 받으며 전 세계적으로 선풍적인 인기를 끌었단다. 낡

　은 관습에서 벗어나고 싶어 했던 전 세계 젊은 세대는 자유롭고 거침없는 이 디자인에 폭발적인 반응을 보였어.

　메리 퀸트의 새로운 도전은 패션 디자인을 넘어 화장법까지 큰 영향을 미쳤어. 두꺼운 화장을 멈추고 건강한 피부를 표현하려는 노력은 당시 사람이면 누구나 놀랄 시도였지. 메리 퀸트는 남들 눈을 신경 쓰지 않고 자신만의 철학으로 유행을 창조했어. 과도한 화장에서 벗어나 아기 피부처럼 싱그럽고 건강한 느낌을 살려야 한다고 강조했지. 그녀의 영향을 받은 젊은 여성들은 아무것도 안 바른 것처럼 보이는 화장법을 배울 정도였단다.

　당시 유행했던 동안 화장법은 이랬어. 입술은 짙은 색깔을 빼고 윤기가 흐르도록 표현했어. 풍성한 속눈썹과 가짜 주근깨, 장밋빛 터치로 얼굴을 귀엽게 꾸미기도 했어. 때로는 아이들처럼 장난스러운 분위기도 연출했단다.

하지만 눈 화장만은 달랐어. 눈에는 아이라이너와 마스카라, 인조 속눈썹 등을 사용해서 공들여 화장했어. 하지만 신기하게도 완성된 얼굴 화장은 앳된 소녀의 얼굴 분위기를 자아냈지.

짙은 눈 화장만은 허용했던 메리 퀸트는 물속에서도 지워지지 않는 마스카라를 개발해서 여성들에게 큰 박수를 받았단다.

"화장은 나 자신을 사랑해 주는 것이다!"

메리 퀸트가 했던 말이야. 지금은 당연한 말로 들릴지 몰라. 그녀가 동안 화장을 퍼트렸다는 것도 지금 생각하면 별일 아닌 것처럼 느껴질 거야. 하지만 남에게 잘 보이기 위해 똑같은 스타일로 화장했던 과거에 비하면 놀라운 변화였지. 시대가 바뀌면서 기존의 편견을 깨고 새로운 유행을 만들어 내는 시도는 앞으로도 계속 이어진단다.

화장을 넘어선 예술, 히피 페인팅

1960년대 들어서면서 젊은 세대들은 공장에서 찍어 낸 듯한 똑같은 스타일을 거부하기 시작했어. 때마침 새로운 청년 문화가 일어나 사회에 커다란 바람을 불러일으켰는데 이들을 흔히 '히피족'이라 부르곤 해. 히피족은 당시 사회를 이끌고 있던 어른 세대에 대해 강한 불만과 반발심을 가지고 있었어. 그들은 돈이 세상을 지배하는 사회 분위기를 거부하며 자연으로 돌아가기를 꿈꾸었지.

히피족은 자유로운 사고방식을 좋아했기 때문에 옷을 그야말로 기분 내키는 대로 입었어. 손질하지 않은 긴 머리에 허름한 옷차림을 한 남자, 특이한 무늬로 장식된 촌스러운 색상의 옷차림에 괴이한 장신구와 꽃을 주렁주렁 단 여자의 모습은 히피족의 대표적인 이미지야. 이들의 차림새에는 기존의 사회 질서에 대한 저항 의식이 깃들어 있어. 1960년대 중반에 미국이 베트남 전쟁에 개입하자 그들은 전쟁 반대를 강력하게 외쳤어. 꽃이 히피 문화의 상징이 된 것은 그들이 비폭력과 평화를 추구했기 때문이란다.

히피의 기본 정신과 문화는 패션과 화장에도 그대로 표출되었어. 그들은 디자이너가 만든 옷은 개성이 없다고 싫어했어. 공장에서 찍어 낸 똑같은 옷들도 거부했지. 대신에 손뜨개나 자수를 넣어 손으로 직접 만든 옷을 좋아했어. 남

자 옷과 여자 옷을 구분해서 입지도 않았고, 과도한 소비 문화에 대한 반감으로 아주 오래된 듯 색이 바래거나 낡고 해진 옷을 일부러 골라 입기도 했지. 게다가 수염을 덥수룩하게 기르고 머리는 다듬지 않고 풀었기 때문에 거지 패션이라고 비난받기도 했어.

히피족은 화장을 하되 마치 화장을 하지 않은 것처럼 화장하는 게 최고의 목표였어. 그래서 공장에서 생산한 화장품으로 남들과 똑같이 꾸미는 걸 싫어했어. 그들은 화장할 때 자연스럽고 부드러운 색깔을 골랐어. 주로 갈색이나 회색, 복숭아색처럼 은은한 색을 사용했단다. 그래도 속눈썹을 붙이고 눈썹연필로 주근깨 같은 걸 일부러 그려 넣었기도 했지. 꾸미지 않은 것처럼 꾸몄다고나 할까?

히피들은 단순한 얼굴 화장을 넘어서 자신의 몸을 장식하는 데까지 나아갔어. 인간의 몸을 캔버스로 삼아 예술적 표현에 도전한 거야. 몸 전체를 예술 작품처럼 표현했기 때문에 화장이 보디 페인팅의 영역으로까지 확장된 거지. 이런 작업을 통해 비폭력 평화를 추구하는 히피의 정신 세계를 담아내고 파괴적인 사회에 대한 거부감을 표출했단다.

패션 잡지들은 너도나도 모델을 히피 스타일로 꾸며서 표지에 담았어. 얼굴과 몸에 페인팅 하는 일이 미술의 한 분야로까지 발전한 것이지. 일상 속 화장이 발전해서 예술 분야가 되었다는 사실. 정말 놀랍고 흥미롭지 않니?

평화의 씨를 뿌린 히피 문화

전쟁은 수많은 사람의 목숨을 앗아가. 그래서 전쟁이 끝나고 나면 신생아의 숫자가 폭발적으로 늘어나곤 해. 이런 현상을 '베이비 붐'이라고 불러. 제2차 세계 대전이 끝난 이후도 마찬가지였어. 전쟁 이후 아이들이 엄청 많이 태어났어. 1960년대는 바로 그 아이들이 청년으로 성장한 시기였단다. 그들 가운데 독특한 개성을 가지고 자유와 평화를 추구하는 젊은이들이 등장했어. 그들이 바로 히피족을 이루었어.

당시 젊은이들은 미국 사회가 성공에만 눈이 멀어 부도덕해도 돈이면 다 된다는 황금만능주의가 판치고 있으며, 백인과 흑인 간의 인종 차별 또한 심각하다고 생각했어. 급기야 청년들이 베트남 전쟁에 나가 목숨을 희생당하자 강한 불만이 튀어나올 수밖에 없었지. 이 때 전쟁을 반대하는 운동이 일어나면서 히피 문화가 본격적으로 펼쳐지기 시작했어. 이들은 스스로 '꽃의 아이들'이라고 부르면서 세상에 사랑과 평화의 씨를 뿌리는 사람들이라 생각했단다. 히피 문화는 1973년 미국이 베트남 전쟁에서 손을 떼면서 서서히 막을 내렸지만 이들의 활동은 사회는 물론 문화 예술 분야에도 많은 영향을 미쳤단다.

극과 극, 자연주의와 펑크

"일자리가 없어요!"

"기름값이 너무 비싸 자동차를 굴리기가 어려워요. 이러다 경제가 폭망하겠어요!"

1970년대 들어서면서 세계 경제는 휘청거리고 있었어. 물가는 치솟고 많은 사람이 직장을 잃었단다. 게다가 중동에서 전쟁이 터진 탓에 석유 가격은 미친 듯이 폭등했어. 석유를 수입해야 하는 나라들은 발을 동동 굴러야만 했지.

에너지 부족 문제가 심각해지자 사람들은 그제야 환경 문제에 관심을 보였어. 그동안 생각 없이 써 왔던 에너지 사용을 자제하고 친환경적인 방법들을 모색하게 된 거야. 패션 쪽에서도 석유에서 얻는 화학 섬유보다는 자연에서 얻은 천연 섬유를 사용해서 옷을 만들자는 움직임이 일어났지.

이런 의식의 변화는 화장에도 그대로 영향을 미쳤어. 우선 화장품에 어떤 성분이 들어갔는지 따져 보았단다.

"피부에 좋은 오이나 레몬 같은 성분은 찾아볼 수 없군요."

"계속 이 화장품을 바르면 피부가 좋아질지 의문이네요."

과연 아름다운 얼굴로 만들기 위해 화장품을 두껍게 바르는 게 맞을까? 사람들은 의심하게 됐어.

"일단 피부에 좋은 음식을 많이 먹고 마음이 편해야 피부도 밝아진답니다."

그 무렵의 여성들은 새하얗고 창백한 얼굴이 아니라 건강해 보이는 얼굴을 원했단다. 사람들은 몸에 좋은 자연 식품과 마음 건강에 좋은 요가와 명상에 관심을 보였지. 다른 한쪽에서는 햇볕에 그을린 듯한 갈색 피부에 욕심을 냈어. 멋지게 태우기 위해 전용 크림을 바를 정도였지. 이렇듯 세계의 중심 국가로 떠오른 미국의 화장 문화는 사회적 영향을 받으며 변해 가고 있었어.

그런데 같은 시기에 또 다른 문화의 중심축이었던 유럽에선 전혀 다른 움직임이 나타났단다. 영국을 중심으로 아주 파격적인 문화 현상이 생긴 거야. 런던 변두리에서 청년들은 직업을 잃고 미래에 대한 희망도 사라지자 세상에 분

노를 터트렸어.

"우리에겐 희망도 정부도 없습니다. 남은 건 절망뿐입니다."

유럽의 청년들은 절망과 분노를 온몸으로 표현했어. 얼굴뿐 아니라 몸에도 과감하게 표현했어. 닭 볏 모양을 닮은 모히칸 머리 스타일에 화려하게 염색도 했지. 귀와 코에는 링과 바늘도 달았단다. 평범한 사람들이 보기에 그 모습은 너무 충격적이었어. 당시 이런 모습과 움직임을 '펑크'라고 불렀어.

"세상에! 젊은이들이 미쳐 가는군요."

나이 많은 어른들은 전혀 이해할 수 없는 모습이었지. 펑크는 처음엔 낯설고 공격적으로 보이는 '사건'이었지만, 나중엔 패션과 화장은 물론 음악에까지 큰 영향을 미쳤단다. 같은 시기에 문화의 중심축이었던 두 대륙에서 자연주의와 펑크가 공존했다는 사실은 참으로 흥미로운 일이야.

히피족과 펑크족의 차이

히피족과 펑크족은 비슷하면서도 다른 점이 있어. 둘 사이에 어떤 공통점과 차이점이 있을까?

먼저 지역적 차이가 있어. 히피 문화가 미국에서 꽃을 피웠다면 펑크 문화는 바다 건너 섬나라 영국에서 꽃을 피웠지. 히피나 펑크는 둘 다 기존 질서와 문화에 대한 반발심과 저항 의식을 드러냈지만 이를 표출하는 방식은 완전히 달랐어. 히피들은 자연스러움을 추구하며 꽃 장식 같은 걸 즐겼다면 펑크족들은 히피보다 더욱 공격적이고 반항적으로 기성세대에 대한 반감을 드러냈지. 마치 사람들에게 불쾌감을 주려는 게 목적인 것처럼 일부러 자신의 모습을 추하게 만들었어.

펑크족은 괴상한 차림새를 하고 별의별 장신구로 몸을 꾸몄어. 그들은 평범한 옷을 거부한 채 비닐이나 가죽 등으로 만든 꽉 끼는 의상을 즐겨 입었지. 거기에 쇠로 된 징이나 배지 등을 주렁주렁 매달았어. 일부러 옷을 너덜너덜하게 찢거나 바지에 구멍을 내서 파괴적인 이미지를 연출하기도 했지. 얼굴 화장 또한 혐오감을 주기에 충분했지. 입술을 까만색으로 칠하는가 하면 눈 주위를 멍든 것처럼 퍼렇게 칠하기도 하고, 눈꼬리를 유령처럼 날카롭게 위로 끌어올려 위협적인 느낌을 주기도 했어. 이들의 파격적인 패션은 사람들로부터 조롱과 비난을 받기도 했으나 현대 패션의 흐름에 적지 않은 영향을 미쳤단다.

멋지게, 당당하게, 대담하게!

혹시 '마돈나'라는 팝 가수 이름을 들어 본 적 있어? 1980년대부터 1990년대 사이에 미국은 물론 세계를 휩쓸었던 팝 가수야. 그녀의 등장은 세상을 깜짝 놀라게 했어. 이른바 란제리 룩이라는 파격적인 의상을 선보였거든. 마돈나는 무대 의상으로 속옷과 흡사한 디자인의 옷을 입고 무대에 등장한 거야.

"세상에! 속옷 바람으로 텔레비전에 나오다니! 쯧쯧!"

만일 그전에 이런 차림으로 가수가 무대에 섰다면 대중들로부터 이렇게 손가락질을 받았을지도 몰라. 하지만 1980년대 분위기는 과거와 달라졌어. 여성들이 과거에 비해 더 자유롭고 당당하게 자신을 표현할 만한 사회 분위기가 만들어졌던 거야.

마돈나의 란제리 패션은 그녀의 얼굴 화장을 더욱 돋보이게 했어. 아주 짙은 눈썹과 붉은 입술 화장이 하얀 란제리 룩 패션과 선명한 대조를 이루었던 거지. 강렬한 화장과 카리스마 넘치는 무대 공연에 대중들은 크게 열광했단다.

같은 시대 최고의 인기를 누리던 영화배우 브룩 쉴즈의 화장도 비슷했어. 눈썹과 입술을 두껍고 강하게 표현하고 광대뼈를 따라 붉은 볼터치를 넣어 뚜렷한 이목구비를 입체적으로 살렸어.

당시의 화장은 색칠 놀이와도 같았어. 마치 도화지에 그림을 그리듯 진한 화

장을 통해 새롭고 선명한 이미지의 얼굴을 만들어 냈던 거야. 대담하고 과감한 화장을 할수록 멋진 여성이라는 분위기가 강했단다.

이런 분위기가 만들어진 데는 컬러텔레비전의 등장이 한몫을 했어. 컬러텔레비전이 나오기 전에는 가수나 배우 등 연예인들은 일반 사람들보다 화장을 진하게 했어. 그래야 화면 속에 비치는 자신의 얼굴이 더욱 선명하게 드러났기 때문이지. 하지만 흑백 세상에서는 진하고 흐린 농도만 있을 뿐 색채감은 전혀 느낄 수가 없었어. 흑백에선 진한 붉은색이나 푸른색 같은 원색이 그냥 거무스름하게 나왔거든. 전혀 색채감을 느낄 수가 없었지.

그런데 컬러텔레비전이 등장하면서 세상이 완전히 달라졌어. 붉거나 푸른 온갖 총천연색이 고스란히 화면에 비쳤지. 인기 스타들의 얼굴 화장도 본래의 모습 그대로 생생하게 볼 수가 있게 되었단다.

"아, 볼터치를 하니까 얼굴이 입체적으로 보이는구나!"

"역시 입술은 도톰하게 칠해야 예뻐 보이나 봐."

대중들은 텔레비전 속 연예인들 모습을 더욱 자세히 볼 수 있었어. 1980년대는 미디어의 영향을 받으면서도 자신의 모습을 과감하고 개성 있게 표현하는 힘이 넘치는 시대였단다.

1980년대 대중문화를 이끈 엠티브이(MTV)

MTV 방송국 로고

엠티브이(MTV)는 1981년 미국에서 등장한 뮤직비디오 전문 방송국이야. 1980년대 대중문화의 중심이었던 마이클 잭슨과 마돈나의 뮤직비디오를 틀어 인기를 크게 모았단다. 이 채널은 뮤직비디오 방송에서 시작해 리얼리티 쇼와 패션, 뷰티, 영화 등으로 방송 영역을 확대해 나갔으며, 오늘날에도 엔터테인먼트 산업에 큰 역할을 담당하고 있어. 또한 엠티브이를 통해 VJ(비디오 자키)라는 새로운 직업이 생겨나기도 했어. 그들은 뮤직비디오를 소개하고 방송을 진행하는 역할을 했지. 비디오자키들은 리듬감 있는 말투와 감각적인 패션 등으로 세련된 방송 분위기를 이끌며 젊은이들 사이에서 유행을 선도해 나갔단다.

똑같은 모습은 이제 그만!

1990년대부터 세상은 인터넷이 좌우하기 시작했어. 인터넷의 편리함은 일상생활 깊숙이 아주 빠른 속도로 파고들었어. 인터넷 속 세상은 다양한 정보로 넘쳐 났어. 사람들은 새로운 정보들을 빠르고 쉽게 만나면서 저마다 개성 있는 나만의 스타일을 찾아내느라 바빴지.

"공장에서 만들어진 것처럼 똑같은 스타일은 질렸어. 난 독특한 차림과 화장이 좋아."

"이젠 화장으로 얼굴을 가리지 않을 거야. 진짜 내 얼굴을 찾아야 해. 매끈한 피부로 가꾸는 게 화장보다 중요하다고!"

어떤 사람은 한 듯 안 한 듯 자연스럽게 화장하는 걸 좋아했고, 또 어떤 사람은 오래전 복고 스타일로 꾸미기도 했어. 다양한 유행 속에서 90년대 말에는 강렬한 눈 화장이 인기를 끌기도 했지.

화장품은 단순히 꾸미는 용도가 아니었어. 쓰임새가 넓어져 피부 노화를 방지하거나 늦추는 기능성 화장품들이 개발되기 시작했단다. 사람들 수명이 길어지면서 아름답게 나이 들고 싶은 욕구가 생겨났기 때문이야. 질 좋은 재료로 만들어져 나이 많은 연령층에도 인기 좋은 화장품들이 줄지어 시장에 나섰지.

1990년대 유행을 이끌었던 사건은 바로 슈퍼 모델의 등장이었어. 개성 넘치

는 모델의 모습은 젊은이들에게 스스로 꾸미고 표현할 수 있도록 영감을 주었어. 멋쟁이들에게 이정표 역할을 해 준 셈이지.

21세기에 들어서며 정보 통신 기술은 더욱 발달했어. 텔레비전 리모컨이나 컴퓨터 마우스 클릭 한 번으로 세계의 수많은 미용 정보를 금세 알아낼 수 있지. 그리고 하나의 스타일이 유행하거나 하지도 않아. 그만큼 다양성을 인정할 수 있게 된 거야. 그러니 내가 가장 좋아하고 나에게 가장 잘 어울리는 스타일을 연구해 보는 게 무엇보다 중요한 일일 거야.

에필로그

나만의 화장을 위하여

지금까지 재미있는 화장의 역사에 대해 알아보았어. 이제 이야기를 마무리할 시간이 다가왔어. 여기서 우리는 화장이란 뭘까에 대해 다시 생각해 볼 필요가 있단다.

원시 시대의 화장은 단지 얼굴을 아름답게 꾸미기 위한 게 아니었어. 신체 보호나 생존을 위한 방편이었지. 즉 강렬한 햇살이 내리쬐는 건조한 사막이나 온갖 해충이 우글거리는 열악한 자연환경으로부터 신체를 보호하기 위해 온몸에 화장을 했어. 또 짐승을 사냥하기 위해서 신체를 위장하거나 다른 부족과의 전쟁 때 적을 위협하기 위해서 화장을 했지. 따라서 당시의 화장은 살아남기 위한 처절한 생존 투쟁이었다고 해도 과언이 아니야.

고대나 중세 시대의 화장은 신분을 과시하기 위한 수단이 되기도 했어. 당시는 화장품이 진귀한 물건이었기 때문에 아무나 화장을 할 수가 없었어. 왕이나 귀족들처럼 권력을 가진 자들이 대중들 위에 군림하며 위엄과 권위를 보이기 위해 화려하게 자신을 꾸미곤 했지.

이 과정에서 큰 부작용을 겪기도 했단다. 희고 창백한 얼굴을 만들기 위해 분필 가루나 납 같은 유해 물질을 화장품으로 썼거든. 심지어 자신의 피를 뽑기도 하고, 아파 보이는 퀭한 눈을 만들기 위해 밤새 책을 읽는 게 유행하기도 했어. 얼굴에 주근깨를 없애기 위해 우유에 살모사 즙을 내어 황산염을 첨가한 로션을 만들어 바르기도 했지. 한때는 눈동자를 키우고 촉촉한 눈을 만들기 위해 '벨라도나'라는 식물의 즙을 안약처럼 넣기도 했대. 이건 맹독성 물질이라 동공이 확대되고 시야가 흐려질 뿐 아니라 심하면 눈이 멀고 죽음에 이르기도 했단다.

동양에서도 다르지 않았어. 얼굴에 붉은 연지를 찍는 것이 동양의 대표적인 화장인데 그 재료로 가장 많이 사용된 것이 주사라는 광물질이야. 주사는 그림을 그릴 때 붉은색 물감으로 많이 사용되기도 했어. 여기에는 수은이라는 독성 물질이 들어 있어 몸에 아주 해로웠지. 과학 지식이 부족했던 당시는 이걸 무분별하게 사용했어. 중국의 진시황은 수은을 불로장생의 명약이라 여기며 수은을 피부에 바르고 심지어 먹기까지 했다니 참으로 황당한 일이지.

근현대 시대로 접어들면서 신분의 차이가 없어지자 화장은 대중들에게 널리 퍼졌어. 이때부터 얼굴을 아름답게 꾸미기 위해서, 혹은 자신의 개성을 드러내기 위한 수단으로 화장을 하기 시작했지. 또한 대중 매체가 활성화되면서 가수나 배우 등이 화장의 유행을 이끄는 선도자 역할을 했단다.

이제는 모두가 똑같은 유행을 따랐던 시대는 지났어. 과거처럼 생존을 위한 투쟁이나 권위를 드러내기 위한 수단으로 화장을 하지도 않아. 자신을 좀 더 예쁘고 아름답게 보이기 위해 화장을 하지. 물론 아름다움에는 특별한 기준이 없어. 시대에 따라 지역에 따라 개인의 취향에 따라 달라지거든.

요즘은 십대 학생들까지 화장을 하는 일이 유행으로 번지고 있어. 지금은 화장품이 좋아져 예전처럼 치명적 독성을 가진 건 없어. 다만 화장품을 만들 때 방부제나 계면 활성제 같은 물질이 들어가는 것도 사실이야. 따라서 과도한 화장은 피하는 게 좋아. 화장은 진하고 강하게 한다고 무조건 예뻐지는 게 아니거든. 무엇보다 나만의 스타일을 찾아가는 게 중요해. 최고의 내 모습을 표현하는 일은 정말 멋진 일이지. 화장은 바로 그 일을 돕는 소중한 도구이자 친구란다.

참고문헌

임미애, 설현진, 최미라, 『화장 문화사』, 신정

하루야마 유키오, 『화장의 역사』, 사람과책

김지희, 정윤희, 황윤정, 『20세기 화장 문화사』, 경춘사

버지니아 스미스, 『클린, 개인위생과 화장술의 역사』, 동아일보사

히데오 아오키, 『서양 화장문화사』, 동서교류

정해영, 『사람은 왜 꾸미는 걸까?』, 논장

Gabriela Hernadez, 『뷰티 & 화장문화사』, 예림